मैजिक बॉक्स 2

AF655719

स्लो इंप्रिंट की अन्य किताबें

मैं अक्सर सोचता हूँ

गाँव से बीस पोस्टकार्ड

जंगली फूलों सी लड़की

कालजयी: कहानियां वेदों पुराणों से

मैजिक बॉक्स

नीलेश मिसरा की दुनिया से जुड़ने के लिए

स्कैन करें नीचे दिया गया QR कोड

नीलेश मिसरा की प्रस्तुति

मैजिक बॉक्स 2

स्मृति सचदेवा · तरंग सिन्हा

डॉ रंजना जायसवाल · अनिता सेठी

हर्षा चौधरी · किंशुक कौशिक

दीपक हीरा रंगनाथ

ekadā | SLOW IMPRINT

ekadā | SLOW IMPRINT

Published in Hindi as *Magic Box 2* in 2025 by Ekadā, an imprint of Westland Books, a division of Nasadiya Technologies Private Limited, in collaboration with Gaon Connection Pvt. Ltd

No. 269/2B, First Floor, 'Irai Arul', Vimalraj Street, Nethaji Nagar, Alapakkam Main Road, Maduravoyal, Chennai 600095

B-36, First Floor, Flat No-2, Panchsheel Vihar, Malviya Nagar, Behind Community Centre, New Delhi 110017

Westland, the Westland logo, Ekadā and the Ekadā logo are the trademarks of Nasadiya Technologies Private Limited, or its affiliates.

The Slow Imprint is a publishing initiative by Gaon Connection Pvt. Ltd

Copyright © Gaon Connection Pvt. Ltd, 2025

Text illustrations by Nikita Vaidya

Smriti Sachdeva, Tarang Sinha, Dr Ranjana Jaiswal, Anita Sethi, Harsha Chaudhary, Kinshuk Kaushik and Deepak Hira Ranganath assert the moral right to be identified as the authors of their respective stories.

ISBN: 9789371973038

10 9 8 7 6 5 4 3 2 1

This is a work of fiction. Names, characters, organisations, places, events and incidents are either products of the authors' imagination or used fictitiously.

All rights reserved

Typeset by Digiultrabooks Pvt. Ltd

Printed at Nutech Print Services Pvt. Ltd

No part of this book may be reproduced, or stored in a retrieval system, or transmitted in any form or by any means, electronic, mechanical, photocopying, recording, or otherwise, without express written permission of the publisher.

विषय-सूची

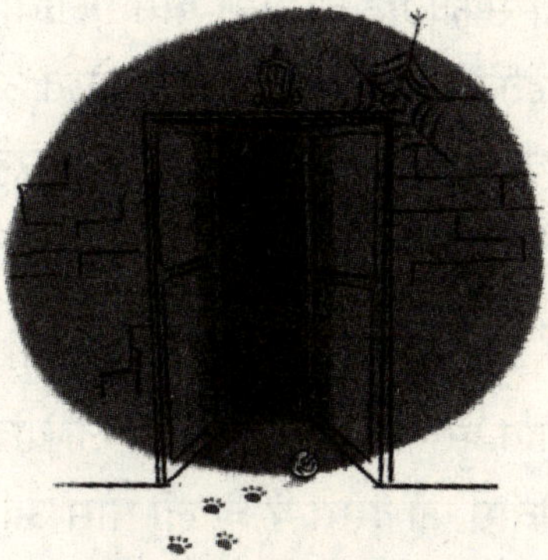

भूत वाला घर

स्मृति सचदेवा

टुन्नू गली के आख़िरी घर में रहती थी। छोटा-सा, सुन्दर-सा, नीली दीवारों वाला घर। सफ़ेद गेट के आस-पास गुलाबी फूलों वाले पेड़ थे, ख़ुशबू वाले। इतना प्यारा घर, पर उसके दोस्त उसके घर आने से डरते थे। दिन के वक़्त तो फिर भी कोई हिम्मत करके आ जाता था, मगर शाम में... न बाबा न! और वो इसलिए क्योंकि टुन्नू के घर जाने के लिए पार करना पड़ता था, भूत वाला घर!

भूत वाला घर बहुत पुराना था। उसकी मटमैली दीवारों पर हरी-हरी काई जमी थी। दीवारों की दरारों में जंगली घास उगी हुई थी। गेट पर ज़ंग लगा था। आँगन में एक बड़ा-सा अमरूद का पेड़ था जिसकी टहनियाँ रात में ऐसी लगती थीं जैसे किसी के लंबे-लंबे हाथ हों। भूत वाले घर से कभी-कभी कुछ अजीब आवाज़ें भी आती थीं।

सब ने सुनी थीं ये आवाज़ें! और फ़िफ़्थ क्लास वाले पप्पू भैया, उन्होंने तो भूत देखा भी था!

पप्पू भैया के पास एक बहुत उछलने वाली क्रेज़ी बॉल थी। एक दिन वो उछल-उछलकर भूत वाले घर में चली गई थी। सब बच्चे बहुत ख़ुश हुए थे क्योंकि पप्पू भैया अपनी बॉल से किसी को नहीं खेलने देते थे। पर उसके अगले ही दिन जब टुन्नू के दोस्तों ने उनके पास फिर वही क्रेज़ी बॉल देखी तो हैरान ही हो गए।

"भैया, ये बॉल तो भूत वाले घर में चली गई थी न?" किसी बच्चे ने पूछा।

"हाँ तो? मैं ले आया भूत वाले घर से बॉल वापस," पप्पू भैया ने कहा तो सारे बच्चों के मुँह खुले के खुले रह गए।

"कैसे लाए भैया? आपने भूत देखा क्या? बताओ न भैया।" सब ने एक साथ बहुत सारे सवाल पूछ लिए।

"बताता हूँ, पर पहले प्रॉमिस करो कि किसी को नहीं बताओगे," पप्पू भैया ने कहा, तो सब बच्चों ने अपनी छोटी उंगली आगे करके पिंकी प्रॉमिस कर लिया।

"तो रात को मैं भूत वाले घर में अकेला गया था और मैंने क्या देखा... एक बड़ा-सा मॉन्स्टर!"

"मॉन्स्टर!" सब बच्चे एक साथ चिल्लाए।

"हाँ, ब्लू कलर का... बड़े-बड़े डोलों वाला मॉन्स्टर! वो मेरी क्रेज़ी बॉल से खेल रहा था। मैंने उसे बोला, 'ए राक्षस! मेरी बॉल दे दे!', तो वो ज़ोर से मेरे ऊपर ग़ुर्राया।"

"भैया आपको डर नहीं लगा?" टुन्नू के दोस्त मॉन्टी ने डरी हुई आवाज़ में पूछा तो पप्पू भैया डींग हाँकते हुए बोले, "मुझे अपनी तरह डरपोक समझा है क्या?"

टुन्नू को बहुत ग़ुस्सा आया, मगर उसने कुछ कहा नहीं। मुँह फुलाकर बाक़ी बच्चों के साथ कहानी सुनने लगी।

"मॉन्स्टर ने मुझे पकड़ लिया।"

"फिर क्या हुआ?"

"मैंने पहले उसको दो घूँसे लगाए। ढिशूम, ढिशूम!" पप्पू भैया ने हवा में हाथ चलते हुए कहा। "वो डर गया, तो मैंने जल्दी से बॉल उठाई और ले आया।" पप्पू भैया ने कहानी ख़त्म की तो सारे बच्चों ने तालियाँ बजा दीं। उस दिन के बाद से पप्पू भैया मोहल्ले के सुपरहीरो बन गए और दोस्तों ने टुन्नू के घर आना-जाना बिल्कुल ही बंद कर दिया।

भूत वाले घर से अब ज़्यादा आवाज़ें आने लगी थीं। टुन्नू को ज़्यादा डर लगता था। एक दिन वो अपने रूम में परेशान बैठी थी। उसकी बड़ी बहन, मिनी ने उससे पूछा, "क्या हुआ टुन्नू?"

"दीदी, मम्मी-पापा को बोलो न नया घर ले लें, मुझे यहाँ नहीं रहना," टुन्नू ने कहा।

"क्यों क्या हुआ?" मिनी दीदी ने पूछा तो टुन्नू रुआँसी होकर बोली, "दीदी साथ वाले घर में भूत रहता है। मुझे डर लगता है। मेरे दोस्तों को भी डर लगता है। कोई खेलने भी नहीं आता।"

"टुन्नू, भूत-वूत कुछ नहीं होता," मिनी दीदी ने कहा तो टुन्नू बिगड़ गई। "होता है, पप्पू भैया ने देखा है!"

"पप्पू ने? दुनिया का सबसे बड़ा झूठा है पप्पू! उसकी बात का विश्वास मत करो," मिनी दीदी बोलीं।

“मैंने भी आवाज़ें सुनी हैं,” टुन्नू ने कहा तो मिनी दीदी कुछ सोचने लगीं।

मिनी दीदी और उनके दोस्तों ने भूत वाले घर में जाने का प्लान बनाया। साथ में टुन्नू, उसके दोस्तों और पप्पू को भी जाना था।

संडे को सुबह-सुबह सारे बच्चे मिलकर भूत वाले घर के दरवाज़े पर खड़े थे।

“सब हाथ पकड़ लो। कोई हाथ नहीं छोड़ेगा, ठीक है! सब धीरे-धीरे आगे चलेंगे।” मिनी दीदी कप्तान की तरह इंस्ट्रक्शंस दे रही थीं।

फिर सब धीरे-धीरे अंदर गए। भूत वाला घर बाहर से जितना भयानक लगता था, अंदर से भी उतना ही डरावना था। बड़े-बड़े मकड़ी के जाले हर जगह लटक रहे थे, बहुत सारी छिपकलियाँ थीं और अँधेरा भी। बच्चों की क़तार में मिनी दीदी सबसे आगे थीं, किसी बहादुर योद्धा की तरह। और ख़ुद को बहुत बहादुर बताने वाले पप्पू भैया सबसे पीछे दुबके हुए चल रहे थे। अब सामने एक कमरे का टूटा हुआ दरवाज़ा था।

धड़ाम! दरवाज़े के पीछे से आवाज़ आई। कोई तो था!

फिर कुछ रोने जैसी आवाज़ आने लगी। ठीक वही आवाज़ जो अक्सर सुनाई पड़ती थी।

आवाज़ सुनकर बच्चों की चीख़ निकल गई, पर मिनी दीदी ने बहादुरी दिखाकर दरवाज़ा खोल दिया और जो देखा, वो देखकर सब

हैरान थे। सामने काले, भूरे, सफ़ेद, नर्म रूई जैसे बिल्ली के बच्चे थे। एक बच्चा पप्पू भैया की पुरानी खोई हुई क्रेज़ी बॉल से खेल रहा था। बिल्लियाँ देखकर सब बच्चे ज़ोर-ज़ोर से हँसने लगे। पीछे देखा तो पप्पू भैया पहले ही अपनी सरकती पैंट संभालते, दुम दबाकर बाहर की तरफ़ भाग चुके थे।

श्यामली

तरंग सिन्हा

मोहल्ले के आख़िरी छोर पर बने, वीनू दीदी के दो मंज़िला घर की छत से श्यामली का छोटा-सा एक मंज़िला घर अच्छी तरह दिखता है। कभी-कभी, आँगन में खटिया पर बैठी दादी माँ दिख जातीं तो वो ज़ोर से हाथ हिला देतीं।

और उन दोनों घरों के बीच हैं गंगा जी।

सरकारी स्कूल की छठी क्लास में पढ़ने वाली श्यामली कुछ ही महीने पहले इस मोहल्ले में आई थी और गंगा जी को अपने घर के इतने पास देखकर चहक उठी थी।

उसे याद नहीं कि वो कब वीनू दीदी के घर खेलने आने लगी। शायद उस दिन के बाद से, जब वो वीनू दीदी के घर छठ पूजा का प्रसाद देने आई थी। उस दिन वीनू दीदी लॉन में अपने दोस्तों के साथ क्रिकेट खेल रही थीं। श्यामली वहीं रुक गई थी। उसका भी दिल हो रहा था क्रिकेट खेलने का। अब तक यहाँ कोई दोस्त भी तो नहीं बना था उसका।

"तुम खेलोगी?" ऊपर वाले माले पर रहने वाले सुमित भैया ने अचानक पूछा, तो श्यामली ने सिर हिला दिया। पर उसे क्रिकेट खेलना आता कहाँ था? अपने बल्ले से बॉल को लुढ़काकर वो रन लेने दौड़ी तो विकेट के आगे दौड़ती चली गई, सब हँस पड़े थे।

"तुम बहुत प्यारी हो! क्या नाम है?" वीनू ने मुस्कुराते हुए पूछा।

"श्यामली," उसने झट से नाम बताया और फट से भाग गई। पर

अगले दिन वो फिर पहुँच गई और धीरे-धीरे उन बच्चों के ग्रुप का हिस्सा बन गई।

अगस्त का महीना था। पिछली रात ख़ूब बारिश हुई थी और गर्म मौसम सुहावना हो गया था। हर रोज़ की तरह, सब लॉन में जुटे थे।

"हम लोग जन्माष्टमी में एक नाटक खेलें?" वीनू दीदी ने च्यूइंगम चबाते हुए कहा और फिर अपने स्केट्स पहनकर बरामदे में लहराने लगीं।

"वीनू, तुम्हें पता है ना च्यूइंगम चबाना अच्छी बात नहीं?" सुमित भैया ने टोका तो उन्होंने अपनी आँखों को गोल-गोल घुमाकर कहा, "हाँ पता तो है, *इट्स ए बैड हैबिट!*" और फिर सरसराते हुए लॉन के कोने में रखे कूड़ेदान में अपनी च्यूइंगम फेंक आईं।

बस यहीं पर श्यामली को लगता कि वो उन लोगों के जितनी स्मार्ट नहीं है। वो बस उन्हें देखती रही और सोचने लगी कि वो भी एक दिन स्केटिंग सीखेगी, और फ़र्राटेदार अंग्रेज़ी बोलना भी... कुछ शब्द तो वो सीख भी गई है!

तो फिर उस दिन ये तय हो गया कि पंद्रह दिनों बाद, जन्माष्टमी के एक दिन पहले वो लोग एक प्ले करेंगे।

"इस बार श्यामली को भी एक रोल देंगे," निकिता ने कहा तो श्यामली के चेहरे पर एक चौड़ी-सी मुस्कान आ गई।

"हाँ, श्यामली जेल की दरबान बनेगी," कहकर वीनू दीदी दूसरे बच्चों को उनका रोल समझाने लगीं। जैसे पूजा देवकी बनेगी, सुमित भैया वसुदेव बनेंगे... वग़ैरह, वग़ैरह। ये किसी ने नहीं देखा कि श्यामली के चेहरे से मुस्कान ग़ायब हो गई थी।

रिहर्सल के दौरान, दरबान बनी श्यामली बस सबको ध्यान से देखती रही। एक बार तो देवकी बनी पूजा डायलॉग ही भूल गई, और श्यामली ने झट से वो डायलॉग बोल दिया।

“बड़ी होशियार हो, श्यामली! तुम्हारी मेमोरी कितनी शार्प है,” निकिता ने कहा तो वो शर्माकर मुस्कुरा दी।

पर होशियार होने का क्या फ़ायदा? उसे तो बस कोने में खड़े रहना है।

उस रात श्यामली आँगन में खटिया पर लेटी थी कि बिजली चली गई।

दादी ने आँगन में लालटेन जलाकर रख दिया और खटिया पर आकर बैठ गईं। “क्या हो गया, मेरी श्यामा?” उन्होंने पूछा तो श्यामली ने बिना कुछ कहे अपना सिर उनकी गोद में रख दिया।

“मैं नाटक में भाग नहीं लूँगी।”

“क्यों भला?” दादी ने हैरानी से पूछा।

“दरबान का रोल भी भला कोई रोल हुआ? कुछ देर चुपचाप खड़े रहो और फिर बैठकर सो जाओ,” श्यामली बोली तो दादी हँस पड़ीं।

दादी बोलीं, “अरी बिटिया, ये तो सोचो, अगर दरबान उस रात नहीं सोता तो वसुदेव जी श्रीकृष्ण को यशोदा के घर कैसे ले जाते?”

श्यामली सोच में पड़ गई।

“और फिर तुम मेरी धोती पहन सकती हो और भाई का कुर्ता। और तो और तुम्हारी नक़ली मूँछें भी तो होंगी।” बग़ल की कुर्सी पर बैठे दादाजी बोले तो श्यामली हँस पड़ी। आख़िर प्ले का दिन आ गया

था। वीनू दीदी के घर के बड़े से लॉन में एक स्टेज तैयार किया गया और एक पुराने से जाली वाले दरवाज़े को टिकाकर जेल बनाई गई। स्टेज के सामने करीने से कुर्सियाँ सजाई गईं। थोड़ी रात होने लगी तो लोग भी आने लगे।

स्टेज से सटे बरामदे में एक बड़ा-सा आईना लगाया गया ताकि बच्चे वहाँ तैयार हो सकें। बाहर की चहल-पहल से बेख़बर, श्यामली आईने के सामने खड़ी होकर अपनी नक़ली मूँछ के साथ खेल रही थी कि तभी लोग पूजा को आवाज़ें लगाने लगे।

"पूजा! कहाँ हो तुम? प्ले शुरू होने वाला है," वीनू दीदी ने ज़ोर से पुकारा।

पूजा को देवकी का रोल करना था और वो ग़ायब थी। बहुत पुकारने पर भी जब वो नहीं आई तो वीनू दीदी चिढ़ गईं और बोलीं, "चलो रहने दो, पता नहीं कहाँ चली गई वो। श्यामली को तैयार करो। वो देवकी बनेगी।"

"मैं! देवकी!" श्यामली उछल पड़ी।

तैयार होकर श्यामली ने अपने आप को आईने में देखा तो उसके चेहरे पर एक चमकीली मुस्कुराहट उभर आई। बिल्कुल उसके गोटे वाली साड़ी की तरह।

वो स्टेज पर चढ़ने ही लगी थी कि पूजा दौड़ती हुई आई। "ओह, सॉरी, सॉरी! मैं तो सो गई थी। मम्मी-पापा भी बाहर गए हैं तो किसी ने मुझे उठाया ही नहीं," उसने हाँफते हुए बताया।

"तो मैं फिर से दरबान बन जाऊँ?" श्यामली ने धीमी-सी आवाज़ में वीनू दीदी से पूछा।

"नहीं, श्यामली," उन्होंने प्यार से कहा। फिर निकिता की तरफ़ मुड़कर बोलीं, "पूजा को दरबान का कॉस्ट्यूम दे दो। वैसे भी उसे सोना ही है।"

उनके ऐसा कहते ही सब हँस पड़े, उबासी लेती पूजा भी... और श्यामली स्टेज पर चढ़ गई, अपने पहले प्ले का ज़ोरदार परफ़ॉर्मेंस देने के लिए।

हार्डी और सॉफ़्टी

डॉ रंजना जायसवाल

शहर के बाहर एक छोटा-सा जंगल था जिसका नाम था, चंपक वन। वहाँ बहुत सारे जानवर रहते थे। हार्डी भी अपने मम्मी-पापा के साथ वहाँ रहता था। हार्डी एक छोटा और प्यारा-सा कछुआ था जिसकी पीठ थी एकदम हार्ड। जब से उसके दादू ने रेस में सॉफ़्टी ख़रगोश के दादू को हराया था, वह बहुत ही अकड़ में रहता। उसे हमेशा लगता कि उसके जैसा तो कोई भी नहीं। जंगल के किनारे एक नदी बहती थी जिसके दूसरी ओर भी जंगल था। हार्डी की बुआ नदी के उस पार रहती थीं। हार्डी की बुआ उसे बहुत प्यार करती थीं। बहुत दिनों से वह हार्डी और उसके पापा-मम्मी से मिलने नहीं आ पा रही थीं। हार्डी के पापा-मम्मी को भी काम से फ़ुर्सत नहीं मिल रही थी। एक दिन हार्डी ने ज़िद ही पकड़ ली।

"पापा कितने दिन हो गए बुआ से मिले हुए, प्लीज़ चलिए ना।"

पापा ने कहा, "हार्डी हमारा भी बहुत मन है तुम्हारी बुआ से मिलने का, पर क्या करूँ, आजकल काम बहुत है।"

"नहीं-नहीं पापा आप रोज़ ऐसा ही कहते हैं, मुझे बुआ से मिलना है, तो मिलना है!" हार्डी ज़िद करने लगा।

"अगर आप नहीं जा सकते हैं तो मैं अकेला ही चला जाता हूँ।"

हार्डी की बात सुनकर पापा-मम्मी परेशान हो गए। उन्होंने हार्डी के गालों को धीरे से छूकर कहा, "नहीं! अभी तुम इतने बड़े नहीं हुए हो कि अकेले चले जाओ। हमें जैसे ही समय मिलेगा, हम तुम्हें अपने साथ लेकर चलेंगे।"

पर हार्डी ने पापा-मम्मी की बात नहीं मानी और चुपचाप बुआ से मिलने के लिए निकल पड़ा। बुआ हार्डी को देखकर बहुत ख़ुश हुईं पर उन्हें आश्चर्य भी बहुत हुआ कि हार्डी उनसे मिलने अकेला ही चला आया था।

"हार्डी! पापा-मम्मी कहाँ हैं? क्या तुम अकेले आए हो?"

हार्डी ने अपने नन्हे-नन्हे पाँवों को उचका कर कहा, "हाँ बुआ, अब मैं बड़ा हो गया हूँ। आप चिंता न करिए।"

बुआ ने उससे बहुत सारी बातें कीं, पर वह मन ही मन डर रही थीं कि वहाँ हार्डी के पापा-मम्मी उसके लिए परेशान हो रहे होंगे। उन्होंने हार्डी को जल्दी लौटने को कहा।

"हार्डी! अब तुम घर जाओ, तुम्हें देर हो रही होगी।"

"नहीं बुआ, अभी देर कहाँ हुई है? कितनी रौशनी है अभी तो... शाम भी नहीं हुई है।"

बुआ ने उसे फिर समझाने की कोशिश की पर हार्डी तो हार्डी था।

"बेटा तुम घर पर बता कर नहीं आए हो, वहाँ पर पापा-मम्मी तुम्हारे लिए परेशान हो रहे होंगे। अंधेरा होने से पहले तुम घर पहुँच जाओ।"

"बुआ अब मैं बड़ा हो गया हूँ, आप चिंता नहीं करो।"

पर हार्डी के कहने से बुआ की चिंता दूर नहीं हुई। उन्होंने हार्डी को ढेर सारे गिफ्ट्स दिए और घर वापस भेज दिया।

हार्डी आज बुआ से मिलकर बहुत ख़ुश था, बुआ ने उसे कितने सारे गिफ्ट दिए थे। वह मन ही मन सोच रहा था कि अपने गिफ्ट्स दोस्तों को दिखाएगा तो वो भी ख़ुश हो जाएंगे। उसने सब कुछ अपने बैग में संभाल कर रख लिया। सूरज डूबने वाला था। हार्डी ने सोचा नदी के बगल से जो छोटा वाला रास्ता है, उससे चला चलूँ तो घर जल्दी पहुँच जाऊँगा, पर पापा तो कहते हैं कि वो रास्ता बहुत ख़राब है और रात में वहाँ से जाना बिल्कुल मना है।

हार्डी ने थोड़ा सोचा और फिर अपने आप को समझाया, "पापा! पापा तो ऐसे ही डरते रहते हैं, अब मैं बड़ा हो गया हूँ। मुझे कुछ नहीं होगा।"

हार्डी नदी के बगल वाले रास्ते पर चल पड़ा। हार्डी पैर संभाल कर रखते हुए चल रहा था। नदी के किनारे बहुत कीचड़ था। हार्डी का पैर बार-बार फिसल रहा था। उसने एक छोटी-सी डंडी अपने हाथ में पकड़ रखी थी जिसके सहारे वह आगे चल रहा था, पर तभी एक ढलान आई और हार्डी का बैलेंस बिगड़ गया!

"अरेsss..."

संभलते-संभलते भी हार्डी सरकता चला गया और बॉल की तरह लुढ़कता-पुढ़कता एक पेड़ से जाकर टकरा गया।

हार्डी की जान तो बच गई पर पेड़ से टकराने के कारण वो पीठ के बल हो गया। यानी उसका हार्ड शेल नीचे और सॉफ़्ट-सॉफ़्ट पैर ऊपर। हार्डी घबरा गया।

"ओह! अब क्या करूँ? मैं तो सीधा भी नहीं हो पा रहा। प्लीज़ कोई बचाओ, मैं यहाँ फँस गया हूँ।"

हार्डी को पापा-मम्मी की याद आने लगी। वो ज़ोर-ज़ोर से रोने लगा। सॉफ़्टी ख़रगोश का बिल वहीं पास में ही था। वह सोचने लगा, "ये किसकी आवाज़ है? जंगल में इतनी रात में कौन रो रहा है?"

"और ये आवाज़ तो सुनी-सुनी सी लग रही है।" उसने आवाज़ को पहचानने की कोशिश की।

"अरे! ये तो हार्डी कछुए की आवाज़ है।" वह फुदक-फुदककर आवाज़ की ओर भागा।

"अरे हार्डी इतनी रात को तुम यहाँ क्या कर रहे हो और तुम यहाँ उल्टे क्यों पड़े हो?"

सॉफ़्टी को अपने सामने देखकर हार्डी बहुत ख़ुश हो गया। "सॉफ़्टी, मैं बुआ के घर से वापस लौट रहा था, बहुत देर हो गई थी और अंधेरा भी होने लगा था। मैंने सोचा छोटे वाले रास्ते से चला चलूँ पर अंधेरे में मुझे ढलान दिखाई नहीं दी और मैं फिसल कर पलट गया। अच्छा हुआ तुम आ गए। प्लीज़ मेरी मदद करो... देखो न मैं इतना भारी हूँ सीधा भी नहीं हो सकता।"

हार्डी ने रोनी सूरत बनाते हुए कहा। हार्डी को यूँ देखकर सॉफ़्टी को तरस भी आ रहा था और ग़ुस्सा भी। वह मन ही मन सोच रहा था, 'मैं क्यों करूँ इसकी मदद? जब से मेरे दादू इसके दादू से रेस में हारे हैं, ये सबके सामने मुझे चिढ़ाता रहता है।"

सॉफ़्टी हार्डी को छोड़कर जाने लगा। हार्डी ने उसे जाते हुए देखा तो वह डर गया।

"प्लीज़-प्लीज़ सॉफ़्टी मैं जानता हूँ तुम मुझसे ग़ुस्सा हो, मुझसे ग़लती हो गई। आज के बाद मैं कभी तुम्हें तंग नहीं करूँगा। प्रॉमिस! पक्का प्रॉमिस! गॉड प्रॉमिस..." हार्डी ने उल्टे पड़े-पड़े ही कहा। सॉफ़्टी को हार्डी पर दया आ गई। उसे मम्मी की बात याद आने लगी, अगर कोई अपनी ग़लती मान ले तो उसे माफ़ कर देना चाहिए। सॉफ़्टी के चेहरे पर एक प्यारी-सी मुस्कान आ गई।

"ठीक है-ठीक है। मैं हूँ ना! तुम बिल्कुल भी चिंता नहीं करो, मैं तुम्हें अभी सीधा करता हूँ।"

और सॉफ़्टी ने हार्डी के बगल में अपने छोटे-छोटे नुकीले नाखूनों से खोदना शुरू किया। हार्डी उसे काम करते हुए देख रहा था। वो सोच रहा था—सॉफ़्टी कितना अच्छा है। इतना सब कुछ हो जाने के बाद भी वह उसकी मदद करने को तैयार है। थोड़ी ही देर में सॉफ़्टी ने एक बड़ा-सा गड्ढा खोद दिया। उसके सारे सफेद बाल मिट्टी की वजह से गंदे हो गए थे, गड्ढा बनाते-बनाते वह थककर चूर हो गया था।

"बस थोड़ी देर और... हार्डी तुम परेशान मत हो," पसीने और कीचड़ से लथपथ सॉफ़्टी ने हार्डी की ओर देखकर कहा।

आखिरकार सॉफ़्टी की मेहनत रंग लाई। उसने हार्डी से कहा, "वाह! बन गया गड्ढा... अब देखो मैं क्या करता हूँ।"

सॉफ़्टी ने हार्डी को ज़ोर से धक्का दिया, "ज़ोर लगा के हईशा!"

हार्डी गड्ढे में गिर गया पर एकदम सीधा। हार्डी और सॉफ़्टी ख़ुशी से चिल्लाए, "येsss... मज़ा आ गया!"

सॉफ़्टी आज बहुत ख़ुश था कि उसने हार्डी की जान बचाई और हार्डी भी बहुत ख़ुश था क्योंकि उसे सच्चा दोस्त मिल गया था।

तितलियों वाले जूते

तरंग सिन्हा

कल दुर्गा नवमी थी। मिष्टी मेले में जाने के लिए बहुत उत्साहित थी। उसने दसवीं बार खिड़की के बाहर देखा जैसे उसके बार-बार बाहर देखने से रात सुबह बन जाएगी। “सच्ची! कितना मज़ा आएगा कल!” आज अष्टमी की कन्या पूजा के लिए वो कुछ घरों में गई थी और उसके पास पचपन रुपये इकट्ठा हो गए थे। घर आकर वो माँ को पैसे देने लगी तो माँ ने मुस्कुराकर कहा कि ये पैसे वो रख सकती थी। मिष्टी ने सब हिसाब लगा लिया था। एक प्लेट चटपटी चाट, जिसमें उसके छोटे भाई केशव का भी हिस्सा होगा; फिर वो दोनों झूले पर झूलेंगे और आते वक़्त तीन रसगुल्ले—एक मिष्टी के लिए, एक केशू के लिए और एक माँ के लिए।

“दीदी, ये सवाल सिखा दो ना,” केशू ने कहा तो मिष्टी मेले के सपने से बाहर आई।

फ़र्श पर एक पुरानी-सी लालटेन रखी थी जिसकी पीली रोशनी छोटी-सी रसोई तक जा रही थी, जहाँ माँ खाना बना रही थी। वो दोनों चटाई पर बैठे पढ़ाई कर रहे थे। मिष्टी ने केशू की फटी हुई गणित की किताब को समेटा और उसे सवाल सिखाने लगी। वो कभी उसकी बड़ी बहन थी, कभी टीचर तो कभी पक्की वाली दोस्त। पर आज मिष्टी का ध्यान रह-रहकर प्लास्टिक की मेज़ पर चला जाता, जिसके नीचे उसके नए जूते करीने से रखे थे। छोटे-से गुलाबी जूतों पर नीली

तितलियाँ ऐसी लगती थीं मानो अभी उड़ पड़ेंगी। उसके चेहरे पर एक मुस्कान उभर आई जो केशू की मासूम-सी नज़रों से छुपी न रह सकी। "दीदी, तुम कल नए जूते पहनोगी ना?" उसने चहककर पूछा।

आख़िर कई महीनों के इंतज़ार के बाद उसे नए जूते मिले थे। अब उन पुरानी चप्पलों को पहनने की कोई ज़रूरत नहीं थी।

"मिष्टी बेटा, तुम्हें जूते और फ्रॉक में से किसी एक चीज़ को चुनना होगा। मैं दोनों चीज़ें नहीं ख़रीद सकती," माँ ने कहा था, जब वो परसों दुर्गा पूजा की ख़रीददारी करने गए थे। कितनी चहल-पहल थी बाज़ार में। रंगबिरंगे कपड़े, खिलौने, मिठाइयाँ, मिट्टी की छोटी-छोटी सुंदर

मूर्तियाँ और जाने क्या-क्या। पर मिष्टी की नज़र तो बस नीली तितलियों वाले जूतों पर ठहर गई थी। उसने पीली, फ्रिल वाली फ्रॉक को छोड़, जूतों को चुना। केशू को लाल रंग की टी-शर्ट मिली थी जिस पर सफेद टेडी बियर बना था। बिल्कुल केशू जैसा ही गोलू-मोलू। और माँ? उसने तो अपने लिए कुछ भी नहीं ख़रीदा था!

खाना बन गया तो माँ ने पुकारा। किताबें बंद करके वो तीनों खाने बैठ गए। वही हर दिन की तरह सादी-सी दाल और रोटी। पर कोई बात नहीं, कल का दिन तो मज़ेदार होने वाला था!

अगली सुबह वो सबसे पहले मंदिर गए। मिष्टी ने अपनी पुरानी नीली फ्रॉक पहन ली थी। तो क्या हुआ कि उसके कपड़े पुराने थे, उसके जूते तो नए थे ना! केशू लाल टी-शर्ट में कितना प्यारा लग रहा था। माँ ने हरे रंग की पुरानी साड़ी पहनी थी, पर हमेशा की तरह इतनी सुंदर दिख रही थी।

मंदिर के बाहर अशोक के पेड़ के नीचे बैठे काका से माँ ने प्रसाद के बताशे लिए और गेंदे के दो फूल।

"जूते यहीं बाहर खोल दो बेटा," माँ ने मंदिर के अंदर जाने से पहले कहा।

मिष्टी का अपने जूते उतारने का बिल्कुल मन नहीं था पर मंदिर के अंदर जूते पहनकर तो नहीं जा सकते थे। केशू तो अपनी चप्पलें बेपरवाही से खोलकर मंदिर के अंदर चला गया, मगर मिष्टी ने अपने प्यारे, अनमोल जूतों को कोने में, बाक़ी चप्पलों के ढेर से अलग रखा।

आज तो मंदिर में बहुत सारे लोग थे। पंडित जी मंत्र पढ़ रहे थे। दुर्गा माँ की मूर्ति के आगे ढेर सारे फल और फूल रखे थे। घर में तो माँ एक अगरबत्ती जलाती थी, पर वहाँ मंदिर में एक साथ बीस अगरबत्तियाँ जल रही थीं।

दुर्गा माँ को फूल और प्रसाद चढ़ाकर सब ने हाथ जोड़कर प्रणाम किया। मिष्टी ने उछलकर घंटी बजाई और फिर हाथ में प्रसाद लेकर वे लोग बाहर की ओर आने लगे।

"माँ, मेले में मेरे दोस्त मेरी राह देख रहे होंगे। मैं जाऊँ? केशू को भी मेरे साथ जाने दो... मैं उसका ख़्याल रखूँगी," मिष्टी बोली तो माँ मुस्कुरा दी।

"ठीक है, जाओ, पर ज़्यादा देर ना लगाना। और अपने दोस्तों के साथ ही रहना!"

ख़ुशी से चहकती हुई मिष्टी उस कोने में गई जहाँ उसने अपने जूतों को सहेजकर रखा था, पर ये क्या? वहाँ चार-पाँच चप्पलें पड़ी थीं, पर उसके जूते कहीं नहीं थे!

"मेरे जूते कहाँ गए?" मिष्टी चिल्लाई और इधर-उधर नज़र दौड़ाने लगी। हर तरफ़ देखा पर जूते कहीं नहीं दिखे।

"माँ! मेरे जूते नहीं मिल रहे," मिष्टी की आँखें भर आईं।

लोग बिना उसके आँसुओं पर ध्यान दिए मंदिर से बाहर आ-जा रहे थे। उसने अपने खाली पैरों को देखा। अब? वही पुरानी चप्पल? माँ के पास तो दूसरे जूते ख़रीदने के पैसे भी नहीं थे।

माँ उसके पास आकर बोलीं, "तुम मेरी चप्पल ले लो।"

"नहीं! मुझे मेरे जूते चाहिए!" मिष्टी का बाल मन ज़िद्दी बन गया। "कितने प्यारे थे। कितनी सुंदर तितलियाँ थीं उन पर।"

"तुम्हें अच्छे से याद है कि तुमने अपने जूते यहीं रखे थे?"

"हाँ, माँ! तुम केशू से पूछ लो, वो भी मेरे साथ था। मैंने यहीं खोलकर रखे थे। है ना केशू?" मिष्टी रोते हुए बोली। मगर केशू वहाँ नहीं था।

"अरे! ये कहाँ चला गया? केशू, केशू!" माँ ने पुकारा।

अचानक मिष्टी की नज़र मंदिर के बाहर सीढ़ियों पर गई। केशू वहीं बैठा था और उसके हाथों में थे, मिष्टी के नीली तितलियों वाले जूते! मिष्टी केशू की ओर दौड़ी।

"केशू, क्यों उठाया तुमने दीदी के जूतों को?" माँ ने झिड़क लगाई। "देखो, रोने लगी ना वो!"

"मैं नहीं उठाता तो कोई और उठा लेता, तब तो दीदी और रोती ना?" केशू की गोल-गोल आँखें अपनी बहन पर टिकी थीं। उसके नन्हें हाथों ने जूतों को दीदी की ओर बढ़ा दिया। मिष्टी ने अपने भाई को कसकर गले से लगा लिया और झट-से अपने जूते पहन लिए। नीली तितलियों के साथ जैसे अब मिष्टी भी उड़ने को तैयार थी।

नीले पंखों वाली चिड़िया

अनिता सेठी

सात साल के संजू ने आज फिर एक सपना देखा था। सपने में वो पेड़ों पर उछलने वाला वही बंदर बना हुआ था, जिसकी कहानी उसे दिन में पापा ने सुनाई थी। उसके साथ ये रोज़ होता था। कल जब उसने पानी में रहने वाली बतख की कहानी सुनी थी, तो उसने सपने में ख़ुद को अपने छोटे-छोटे बच्चों के साथ पानी में तैरते हुए देखा था।

जब कोई उससे पूछता कि बड़े होकर वह क्या बनना चाहता है तो, वह सोच में पड़ जाता। कभी वह डिलीवरी बॉय की तरह बाइक पर बैठकर सारा दिन घूमना चाहता, तो कभी उसे अपनी बिल्डिंग के लिफ्टमैन की हरे रंग की यूनीफ़ॉर्म पसंद आ जाती, और उसका मन करता कि वह भी उसकी तरह पूरा दिन लिफ्ट में ऊपर-नीचे के चक्कर लगाता रहे तो कितना मज़ा आए।

एक दिन पापा बोले, “चलोगे संजू? मुझे बाज़ार में थोड़ा काम है।” संजू फ़ौरन तैयार हो गया। उसे पापा के साथ घूमना बहुत अच्छा लगता था क्योंकि वे उसको हमेशा कितनी नई-नई चीज़ें दिखाते थे। लेकिन आज शायद पापा को कुछ दिखाने की बारी उसकी थी, क्योंकि पापा का हाथ पकड़कर चलते-चलते उसने एक दुकान देखी। वहाँ एक बड़े से सुनहरे पिंजरे में सुंदर-सी चिड़िया बैठी थी। संजू तो उसे देखता ही रह गया। उसकी आँखों

के आस-पास काले रंग के छोटे-छोटे स्टार जैसे थे, और उसके गले पर एक पीले रंग की लाइन थी। उसकी छोटी-सी चोंच सफ़ेद रंग की थी। उसके पंख... वो तो संजू को सबसे अच्छे लगे, क्योंकि उनमें नीले रंग के साथ-साथ उसकी मम्मी का फेवरेट रंग भी था। फिरोज़ी रंग! "पापा, वो देखो, कितनी सुंदर चिड़िया है!" उसने पापा का हाथ खींचते हुए कहा।

पापा बोले, "हाँ, सचमुच कितनी प्यारी चिड़िया है ये।"

"पापा, मुझे ले दो न, ये! मैं इसके साथ खेलूंगा," संजू उसे सपने में नहीं बल्कि अपने घर में देखना चाहता था।

"नहीं संजू! चिड़िया को पिंजरे में बंद करके नहीं रखना चाहिए, उसका काम तो उड़ना है। अगर बंद रहेगी तो अपने घर कैसे जाएगी?" पापा ने समझाया।

"हम उसे अपने घर ले जाएंगे।" संजू को लगा समस्या का हल हो गया, लेकिन पापा फिर बोले, "अगर मैं तुम्हें चाचू के घर छोड़ आऊँ, तो क्या तुम अपना घर याद नहीं करोगे?"

अब संजू फिर सोच में पड़ गया। वो अपनी मम्मी, पापा और अपने घर को छोड़कर कहीं और रहेगा तो उसको तो रोना आ जाएगा।

"पापा, आप उस दुकानदार को बोल दो कि उस चिड़िया को उसके घर जाने दे," संजू बोला।

पापा ने दुकान में जाकर जब उस चिड़िया को छोड़ने की बात की, तो उस दुकानदार ने बिना पैसे लिए उसको छोड़ने से साफ़ मना कर दिया।

संजू उदास हो गया। पापा उसका हाथ पकड़कर दुकान से बाहर निकल गए। लेकिन वह बार-बार पीछे मुड़कर उस चिड़िया को देखता रहा।

जब वह घर पहुँचा तो मम्मी ने बताया कि उनकी कॉलोनी में बच्चों का फैंसी ड्रेस शो है।

"तुम उस शो में क्या बनना चाहोगे, संजू?" मम्मी ने उससे प्यार से पूछा।

"नीले पंखों वाली चिड़िया!" संजू उदास होकर बोला। पापा को उदास संजू अच्छा नहीं लगा। वो बोले, "संजू, इस शो में तुम एक जादूगर बन जाओ, जो जादू से अपने हैट में से चीज़ें निकालकर सबको दिखाता है।"

उनकी बात सुनकर संजू अपनी उदासी भूलकर ज़ोर से ताली बजाकर हँसने लगा, "हाँ, बहुत मज़ा आएगा।"

अगले दिन मम्मी-पापा बाज़ार गए और उसके लिए काले रंग का जादूगर वाला कोट, स्टिक और बड़ा-सा लाल रंग का हैट लेकर आ गए। मम्मी ने उस हैट के अंदर एक छोटा-सा स्टफ्ड टॉय रख दिया। फिर उसके ऊपर एक लाल रंग का पेपर चिपका दिया। संजू

को तो बस अपनी स्टिक हैट के ऊपर घुमाकर 'आबरा-का-डाबरा' बोलना था और अपने एक मुक्के से पेपर को फाड़कर वो खिलौना निकालकर सबको दिखाना था।

संजू मन ही मन ये सोचकर बहुत ख़ुश हो रहा था कि सब लोग कितनी ताली बजाएंगे, उसके जादू को देखकर। अब वो नीले पंखों वाली चिड़िया को भूल गया था।

शो वाले दिन पार्क में सब लोग थे। सामने छोटा-सा स्टेज बना था। एक बच्चा आर्मी की यूनीफ़ॉर्म पहनकर आया था, तो एक बच्चा डॉक्टर का सफ़ेद कोट पहनकर खड़ा था। एक लड़की परी बनकर आई थी, तो उसकी बहन पायलट बनी हुई थी।

सभी बच्चे बारी-बारी से स्टेज पर आ रहे थे। स्टेज पर आने के लिए संजू का नाम बुलाया गया। वह जल्दी से वहाँ गया तो उसने देखा, पापा वहीं स्टेज के पीछे खड़े ताली बजा रहे थे। संजू ने सामने बैठे लोगों की तरफ़ देखा, फिर अपने बायें हाथ से हैट उतारकर दायें हाथ में स्टिक पकड़ ली। उसने हैट के ऊपर स्टिक को तीन बार घुमाया और ज़ोर से बोला, "आबरा-का-डाबरा।" फिर उसने अपने एक मुक्के से पेपर को फाड़ दिया, लेकिन जैसे ही उसने अपना स्टफ्ड टॉय हैट में से निकाला, जाने कहाँ से वो नीले पंखों वाली चिड़िया आकर हैट के ऊपर बैठ गई।

संजू ने हैरान होकर देखा, सब लोग बहुत ज़ोर-ज़ोर से तालियाँ बजा रहे थे। सबको लगा कि वो चिड़िया संजू ने हैट में से जादू से निकाली है। संजू ने पापा की तरफ़ देखा, तो वो हँस रहे थे। मम्मी भी हँस रही थीं। नीले पंखों वाली चिड़िया ने उड़ते हुए स्टेज का एक चक्कर लगाया और फिर उड़ गई, दूर... बादलों में ऊपर... और ऊपर। संजू भी बहुत ख़ुश था! उसे शो में फ़र्स्ट प्राइज़ मिल रहा था, और चिड़िया को उसका घर! अब उसने पक्का सोच लिया था कि बड़े होकर वह जादूगर ही बनेगा।

बेस्ट फ़्रेंड

तरंग सिन्हा

घंटी बजते ही छठी कक्षा में बैठे सभी बच्चों की आँखों में चमक आ गई। सबका ध्यान अपने बैग और उसके अंदर रखे टिफ़िन की ओर चला गया। इंग्लिश की टीचर अभी भी कुछ समझा रही थीं पर बच्चों के दिमाग़ में कुछ और ही चलने लगा था।

"आहा! आज तो मम्मी ने एक मिठाई भी दी है!"

"आज मेरी फ़ेवरेट आलू-पूरी है।"

"आज तो पापा ने दस रुपए दिए हैं, मैं तो आज भेलपूरी भी खरीदूंगी!"

टीचर के जाते ही बच्चे झटपट अपना टिफ़िन निकालकर क्लास के बाहर नीम के पेड़ के नीचे बैठ गए। कोई चबूतरे पर अगल-बगल तो कुछ नीचे घास पर घेरा बना कर। पूरा स्कूल बातों और हँसी-ठहाकों से गूँज गया। वहाँ अगर कोई गुमसुम था, तो वो रावी थी। एक कोने में, अकेली बेंच पर बैठी। आज फिर उसके पास टिफ़िन नहीं था, और ना ही कोई साथी। आज वो पैसे लाना भी भूल गई थी, नहीं तो कम से कम अमरूद ही ख़रीद लेती।

सब अपने-अपने ग्रुप में मगन थे। ऐसा कभी नहीं हुआ कि किसी ने उससे कहा हो कि, "रावी, आओ ना, तुम भी हमारे साथ लंच करो।" हर तरफ़ से अलग-अलग तरह के खाने की ख़ुशबू आ रही थी और

रावी सोच रही थी कि घंटी कब बजेगी! ताकि अगली क्लास शुरू हो और उसका ध्यान खाने से हटे।

"मैं यहाँ बैठ जाऊँ?" एक प्यारी-सी आवाज़ आई तो रावी चौंक गई। उसके सामने बड़ा-सा टिफ़िन पकड़े एक लड़की खड़ी थी। गोल-सा चेहरा, छोटे-छोटे बाल। तान्या नाम था उसका। उसकी क्लास की नई लड़की। इत्ती नई, यानी बस तीन दिन पहले ही तो आई थी।

"हाँ, बैठ जाओ," रावी ने कहा।

"मेरा नाम तान्या है और तुम्हारा?"

"रावी।"

"रावी, तुम लंच नहीं कर रहीं?" तान्या ने टिफ़िन खोलते हुए पूछा। ना चाहते हुए भी रावी की नज़र उधर चली गई। परांठे, आलू गोभी की सब्ज़ी और दो लड्डू। उसके मुँह में पानी आ गया और अचानक से तेज़ भूख भी लगने लगी।

"नहीं..." रावी ने जवाब दिया।

"तुम मेरे साथ खाओगी?" तान्या ने पूछा तो रावी ने फ़ौरन न में सिर हिला दिया।

"खाओ ना, प्लीज़। मुझे अकेले खाना बिल्कुल नहीं पसंद," तान्या ने बड़ी ही मासूमियत से कहा तो रावी मान गई। "पुराने स्कूल में मैं हमेशा प्रियंका के साथ खाती थी। मेरी बेस्ट फ्रेंड!" तान्या ने मुस्कुरा कर बताया।

"बेस्ट फ्रेंड?"

"हाँ! तुम्हारी बेस्ट फ्रेंड कौन है?" तान्या ने पूछा।

बेस्ट फ्रेंड! उसकी तो कोई बेस्ट फ्रेंड नहीं थी और वो भी किसी की बेस्ट फ्रेंड नहीं थी। रावी क्या बोलती, उसने जल्दी से परांठे का एक टुकड़ा मुँह में भर लिया और चबाने लगी।

एक बार जब क्लास में बेस्ट फ्रेंड पर निबंध लिखने के लिए दिया गया तो उसे समझ ही नहीं आया कि वो किसका नाम लिखे तो उसने अपने पास बैठी नेहा का नाम लिख दिया, मगर नेहा ने तो किसी और का ही नाम लिखा था।

सभी लड़कियाँ एक-दूसरे को अपनी नोटबुक दिखाकर मुस्कुरा रही थीं। सब ने एक-दूसरे का नाम लिखा था। जाने क्यों रावी की आँखों में आँसू आ गए थे।

"बताओ ना, कौन है तुम्हारी बेस्ट फ्रेंड?" तान्या ने फिर पूछा तो रावी पुरानी यादों से बाहर आ गई। आज उसको फिर रोना आया।

तभी घंटी बज गई और सब वापस क्लास में चले गए।

अगले दिन भी तान्या रावी के साथ ही लंच करने बैठी। आज रावी भी टिफ़िन में पोहा लेकर आई थी और तान्या का टिफ़िन कुछ ज़्यादा ही भरा था। धीरे-धीरे ये एक सिलसिला बन गया। अब तो दोनों रोज़ ही साथ में बैठकर टिफ़िन खातीं। रावी ज़्यादातर चुप रहती पर तान्या

ढेरों बातें करती। अपने घर की, पुराने स्कूल की, और जाने क्या-क्या। क्लास में भी अब वो साथ ही बैठतीं। रावी बहुत ख़ुश थी और तान्या के चेहरे पर तो हमेशा एक प्यारी-सी मुस्कुराहट रहती।

अगले महीने से क्लास में पढ़ाई की चर्चा शुरू हो गई। परीक्षाएं आने वाली थीं।

"बच्चों, आप घर पर भी पढ़ाई कर रहे हो ना?" उस दिन इंग्लिश की टीचर ने पूछा तो पूरी क्लास ज़ोर से एक साथ बोली, "यस मैम!"

"बहुत अच्छी बात है। चलो, तो आज हम सरप्राइज़ टेस्ट लेंगे," मैम ने कहा तो क्लास में शांति छा गई। बस कहीं-कहीं हल्की फुसफुसाहट सुनाई दे रही थी।

"चलो, आप सब बेस्ट फ़्रेंड पर अच्छा-सा एस्से यानी निबंध लिख कर दिखाओ।"

रावी ने अपनी नोटबुक निकाल ली। आज उसे अपनी बेस्ट फ़्रेंड का नाम मालूम था। रावी ने लिखा—माय बेस्ट फ़्रेंड इज़ तान्या।

फिर उसने चुपके से तान्या की नोटबुक की तरफ़ देखा। तान्या ने अपनी सुंदर-सी, गोल-गोल हैंडराइटिंग में लिखा था—माय बेस्ट फ़्रेंड इज़ रावी।

बादलपुर का नीलू

हर्षा चौधरी

एक बार की बात है, आसमान में एक प्यारा-सा गोल-मटोल बादल रहता था, जिसका नाम था—नीलू। नीलू बाक़ी बादलों से बहुत अलग था। जहाँ दूसरे बादल धीरे-धीरे हवा में तैरते और बरसात के मौसम में रिमझिम बारिश बरसाते, वहीं नीलू बहुत नटखट और मस्तीख़ोर था। वो अकेले पूरे आकाश में उड़ता फिरता। उसे न जल्दी उठना पसंद था, ना काम करना। उसे रोज़ नई शरारतें करने में बड़ा मज़ा आता—वो कभी सूरज को ढंक देता, तो कभी अचानक धरती पर बारिश की फुहार छोड़कर लोगों को भिगो देता, और कई बार तो वह अचानक तेज़ गरजकर बच्चों को डरा देता। इतना ही नहीं, पक्षियों को भी परेशान करना उसकी आदत थी। जब भी कोई पक्षी ऊँचाई में उड़ता, नीलू धुंध छोड़कर उन्हें रास्ता भटका देता। उसे ये सब करके बड़ा मज़ा आता। नीलू को उसके घरवाले बहुत समझाते, लेकिन वो अपनी ही धुन में मगन रहता।

एक सुबह नीलू ने धरती पर एक किसान को खेत में सब्ज़ियों के बीज बोते देखा, उसे एक शरारत सूझी। उसने सोचा, 'कितना मज़ा आएगा, अगर मैं सिर्फ़ एक क्यारी में पानी बरसाकर, सब्ज़ी जल्दी उगा दूँ। किसान सोचता रह जाएगा कि आख़िर इतनी जल्दी गाजर उगी कैसे?'

नीलू को सोचकर ही बड़ी हँसी आई। उसने गाजर की क्यारी में बारिश करके उसे सींच दिया।

वो अगले कुछ दिन रोज़ ऐसे ही पानी बरसाता रहा।

किसान खेत में आता और देखता कि गाजर की एक क्यारी में पौधे हरे हो रहे हैं, जबकि दूसरी क्यारियों में अभी कुछ भी नहीं था। किसान को यूँ हैरान परेशान देखकर नीलू बड़ा ख़ुश होता।

उधर बादलपुर में कुछ बादलों ने नीलू की शिकायत अपनी मुखिया मेघमाला से कर दी थी; सभी उसके बेपरवाह जीने के ढंग से तंग आ चुके थे।

नीलू को जब ये पता चला, तो उसने इस पर ध्यान ही नहीं दिया। वो आसमान में कभी ख़ुद को आइसक्रीम के कोन के जैसा बना लेता, कभी टेडी बियर बन जाता, कभी जहाज़ को देखकर ख़ुद का आकार वैसा ही कर लेता।

एक दिन सारे बादलों की मीटिंग बुलाई गई। नीलू वहाँ बैठा उड़ते पक्षियों के रास्ते में धुंध छोड़ने ही वाला था कि मेघमाला की सख़्त आवाज़ उसके कानों में पड़ी। "नीलू, क्या ये सच है कि कुछ दिन पहले तुमने स्कूल के बच्चों की पिकनिक ख़राब की थी?"

"मैंने तो सिर्फ़ बूँदाबाँदी की थी," नीलू मासूमियत से बोला।

"क्या तुम जानते हो कि उस दिन सारे बच्चे भूखे रहे? उनका सारा खाना तुम्हारी वजह से ख़राब हो गया था," मेघमाला बोलीं।

नीलू सिर झुकाए खड़ा रहा।

"और कल नीलू ने एक गड्ढे में पानी बरसा दिया, उसमें एक बिल्ली गिर गई," पीछे बैठी रोली बादल ने बताया।

“मैंने सिर्फ़ छोटा-सा मज़ाक़ किया था,” नीलू ने सफ़ाई देते हुए रोली को घूरा।

“नीलू, क्या तुम जानते हो कि तुम्हारी इन हरकतों से नीचे कितनी उथल-पुथल होती है? हम बादलों का काम है धरती को समय से बारिश पहुँचाना, घटा से छाया करना, और आसमान में संतुलन बनाए रखना। तुम अपनी खुराफ़ातों से सब गड़बड़ कर रहे हो,” मेघमाला नाराज़गी से बोलीं।

नीलू को थोड़ा बुरा लगा। उसने माफ़ी तो नहीं माँगी, बस कहा, “आगे से ध्यान रखूँगा, माला दीदी।”

एक दिन नीलू आकाश में तैर रहा था, उसने देखा गाँव में मेला लगा था। बच्चे रंगबिरंगे कपड़े पहनकर झूले झूल रहे थे, आइसक्रीम और मिठाइयाँ खा रहे थे, लोग ख़रीदारी कर रहे थे। नीलू को इतनी चहल-पहल देखकर एक नई शरारत सूझी।

‘एक छोटी-सी फुहार कर देता हूँ, सब लोग हैरान रह जाएंगे,’ उसने मन ही मन सोचा।

लेकिन उस दिन नीलू हवा के साथ ठीक से ताल-मेल नहीं बैठा पाया और अचानक से तेज़ बारिश शुरू हो गई। वो जितना रोकने की कोशिश करता, बारिश उतनी तेज़ होती जाती।

बच्चों के कपड़े भीग गए, मिठाइयाँ ख़राब हो गईं, सारी सजावट गीली हो गई, झूले बंद हो गए और लोग इधर-उधर भागने लगे। सब बहुत नाराज़ हुए और आसमान की ओर देखकर बोले, “यह कौन-

सा बादल है जो बिना सोचे-समझे बारिश कर देता है। हमारा मेला ख़राब कर दिया!"

नीलू को पहली बार महसूस हुआ कि उसकी मस्ती से किसी को ख़ुशी नहीं बल्कि परेशानी हो रही है। वो पहली बार सचमुच उदास हुआ।

तभी वहाँ मेघमाला आ गईं और गरजते हुए बोलीं, “नीलू तुमने जो नुक़सान किया है, उसे ठीक भी तुम्हें ही करना होगा, वरना तुमसे बारिश का पानी मैं हमेशा के लिए वापस ले लूँगी।”

नीलू अपने किए पर बहुत शर्मिंदा था, उसे बहुत पछतावा हो रहा था। उसने तय कर लिया था कि वो सब ठीक करके रहेगा। उसने अपने बादल दोस्तों को मदद के लिए बुलाया।

उसके दोस्तों ने उसकी मदद के बदले उससे वादा लिया कि वो अब कभी शरारत नहीं करेगा।

किसी ने सूरज के सामने से घटा हटाई ताकि धूप निकल सके, तो किसी ने हल्की हवा से बच्चों और बड़ों के गीले हो चुके कपड़े सुखा दिए। सभी लोग मेले को पहले जैसा करने में लगे थे।

नीलू धीमी हवा से कभी सजावट सुखाता, तो कभी झूले।

नीलू का ये ज़िम्मेदारी वाला रूप देखकर उसके दोस्त बहुत ख़ुश थे। गाँव वालों को तो यक़ीन ही नहीं हो रहा था कि जो बादल अभी कुछ देर पहले झमाझम बरस रहा था, वो धुंध की तरह आसमान में बिखरा हुआ था। मौसम ख़ुशनुमा हो चला था। मेले में फिर से रौनक लौट आई थी।

उस दिन से नीलू ने जाना कि असली मज़ा सबके ख़ुश रहने में आता है, दूसरों को परेशानी में डालकर की गई शरारत से किसी का भला नहीं होता।

मम्मी का बर्थडे

किंशुक कौशिक

मम्मी का बर्थडे इस बार संडे को था और नव्या ने उनके लिए एक ख़ास गिफ्ट सोचा हुआ था। मम्मी के लिए बिल्कुल आराम वाली सुबह, यानी उनको रोज़ की तरह कोई काम न करना पड़े। प्लान ये था कि दोपहर में तो नव्या और मम्मी-पापा रेस्तरां में खाना खाने जाएंगे, पर सुबह का नाश्ता नव्या और पापा ख़ुद तैयार करेंगे—मम्मी को जगाए बिना!

नव्या ने सुबह-सुबह धीरे से जाकर पापा को जगाया और दोनों रसोई में आ गए।

"पापा क्या बनाएं?" नव्या फुसफुसाई और जल्दी से अपना दूध का गिलास ख़त्म कर दिया।

"इडली का घोल रखा है न, वही बना देते हैं। जल्दी काम हो जाएगा," पापा ने सुझाया।

"पर इडली बनाने वाला वो स्पेशल बर्तन है कहाँ? आपको तो पक्का नहीं पता होगा, मुझे भी नहीं पता। मम्मी से पूछा तो सारा प्लान बिगड़ जाएगा।"

"हम्म... फिर टोस्ट बना लें?" पापा ने चाय का पानी उबालते हुए पूछा।

"नहीं, मम्मी को डोसा बहुत पसंद है, वही बनाते हैं," नव्या को याद आया।

"वाह! ये अच्छा आईडिया है," पापा ने इडली का घोल फ्रिज से निकालते हुए नव्या की तारीफ़ की।

"चलो, अब पापा की मदद करो, थोड़ा पानी मिलाओ। डोसा पतले घोल का बनता है। नमक भी डालना पड़ेगा थोड़ा-सा।"

उधर पापा ने चाय बनाने पर ध्यान लगाया और इधर नव्या ने डोसे की तैयारी पर। नव्या अभी बस नौ साल की थी, उसे गैस जलाने की मनाही थी। पर और भी तो ढेर सारे काम थे!

पापा जो कहते, वह जल्दी से लाकर देती। फ्रिज से अदरक, बाहर गमले से तुलसी के पत्ते और चाय पत्ती का डिब्बा—ये सब नव्या पापा को दे चुकी थी।

"शाबाश, नव्या! अब थोड़ा-सा नमक इडली के घोल में डालकर अच्छे से मिलाओ। अरे, चीनी का डिब्बा भूल गईं तुम?" नव्या दौड़कर चीनी और नमक के डिब्बे उठा लाई।

थोड़ी ही देर में पापा ने चाय बना ली और तवा भी गर्म हो गया।

नव्या को डोसा बनते हुए देखना बहुत अच्छा लगता था। कैसे मम्मी गर्म तवे पर पानी छिड़कतीं तो छन्न की आवाज़ आती और भाप का पर्दा बन जाता है, एकदम किसी जादूगर के खेल जैसा! फिर घोल को मम्मी कैसे जल्दी-जल्दी तवे पर गोल-गोल घुमाकर चंदा मामा जैसा बना देती हैं। तवे पर छोटे-छोटे बुलबुले बन जाते हैं। इतनी सुंदर और स्वादिष्ट चीज़ मम्मी के लिए कितनी आसान थी।

पर आज डोसा पापा बना रहे थे। दो बार सारा घोल तवे पर फैला तो था पर उसे निकालने से पहले ही डोसा जलकर धुआँ हो गया।

"लगता है तवा ठीक से साफ़ नहीं किया है, तभी सब चिपककर ख़राब हो रहा है," पापा थोड़ा-सा उदास हो गए। नव्या को भी चिंता होने लगी। घोल अब ज़्यादा नहीं बचा था।

"पापा मैं ट्राई करूँ?" उसने घोल के बर्तन में झाँकते हुए पूछा।

"अरे नहीं, जल जाओगी।" पापा ने उसे पीछे कर दिया।

"प्लीज़ पापा! मैं ध्यान रखूँगी और फिर आप भी तो साथ ही खड़े हो। मेरा इतना मन है, अपने हाथ से मम्मी का गिफ्ट बनाने का..." नव्या ने ज़िद्द की तो पापा मान गए।

"अच्छा ठीक है पर ध्यान से! पहले छोटा-सा एक ट्राई करो।"

नव्या ने बिल्कुल मम्मी की नकल करने की कोशिश की और एक छोटा-सा डोसा बना दिया। हालांकि वह गोल तो किसी भी तरह नहीं था, पर कम से कम तवे पर चिपका या जला नहीं।

"वाह! क्या बात है," पापा ने नव्या के सिर पर हाथ फेरा।

अगले पंद्रह मिनट में नव्या ने अलग-अलग आकार के छोटे-छोटे डोसे तैयार कर लिए और पापा ने चाय छानी और फिर सारा सामान मेहमानों वाली सुंदर-सी ट्रे में सजा दिया।

"ज़रा टेस्ट तो करके देखो कैसे बने हैं!" पापा ने एक डोसे का टुकड़ा नव्या ने मुँह में डाल दिया।

अरे ये क्या हुआ? नव्या का तो चेहरा उतर गया और आँखों में मोटे-मोटे आँसू छलक पड़े।

"डोसा तो मीठा है, पापा," नव्या रोने लगी।

"अरे कोई बात नहीं," कहते हुए पापा ने नव्या को गले से लगा लिया।

"पहली बार में हो जाती है कुछ गड़बड़। कम से कम ये डोसे खाने लायक़ तो हैं!" पापा ने अपने जले हुए डोसे की तरफ़ देखते हुए कहा।

"पर मम्मी का गिफ्ट तो बेकार हो गया ना!" नव्या अपने आँसू पोंछते हुए बोली।

"बेकार नहीं हुआ, कुछ अलग हो गया बस। स्पेशल गिफ्ट! आज मम्मी मीठे डोसे और नमकीन चाय का नाश्ता करेंगी," पापा ने हँसते हुए कहा।

नव्या ने हैरानी से पापा को देखा, "नमकीन चाय?"

"हाँ, मैंने भी चाय में चीनी की जगह नमक डाल दिया है!" कहकर पापा ने और ज़ोर से हँसना शुरू कर दिया और इस बार नव्या भी मुस्कुरा दी।

बर्थडे सॉन्ग गाते हुए नव्या और पापा ने मम्मी को जगाया और उनके ख़ास नाश्ते की ट्रे उनके पास रख दी। नव्या कुछ बोलना चाहती थी पर पापा ने इशारे से उसे चुप करा दिया। दोनों सांस रोककर मम्मी की चाय की पहली चुस्की का इंतज़ार कर रहे थे।

मम्मी ने आधी खुली आँखों से चाय का कप उठाया और जैसे ही पहली चुस्की ली, उनकी आँखें पूरी खुल गईं। नव्या का मुँह उतर गया पर तभी मम्मी मुस्कुराकर बोलीं, "वाह इतने साल बाद नून चाय! मज़ा आ गया।" नव्या ने पापा की तरफ़ हैरानी से देखा।

इतनी देर में मम्मी ने डोसा भी चख लिया था और इससे पहले नव्या या पापा कुछ बोलते, मम्मी ने कहा, "ये डोसा भी बड़ा टेस्टी है। नमकीन चाय के साथ बिल्कुल जम रहा है।"

मम्मी को ख़ुश देख पापा बोले, "आज दोपहर को क्या बनाएं हम?" मम्मी मुस्कुरा के बोलीं, "दोपहर को कॉफ़ी हाउस चलेंगे। तुम दोनों का रिटर्न गिफ्ट—मसाला डोसा और फ़िल्टर कॉफ़ी!"

तेरी मेरी दोस्ती

तरंग सिन्हा

एक गाँव में एक सुंदर-सी नदी थी। नदी के पास खेल रहा था शंकर और वहीं फुदक रही थी उसकी सुंदर-सी बकरी, कजरी। शंकर ने आसमान की ओर देखा। वहाँ काले-काले बादल मंडरा रहे थे।

"कल तक कितनी गर्मी थी और आज मौसम कितना सुहाना है, है न कजरी?" शंकर ने कहा। कजरी पास पड़े पत्ते को चबा रही थी। उसको मौसम से क्या लेना।

तभी शंकर को दूर से माँ आती दिखीं। उसने फट से कजरी को गोद में उठाया और अपने मिट्टी की दीवारों और खपरैल की छत वाले घर की ओर दौड़ा।

उसकी माँ, गीता, ने अपनी साड़ी का पल्लू कमर पर बाँधा और रसोई में नीचे बैठ गई। उसने सूखी रोटी पर आलू भाजा फैलाया और उसे मोड़कर शंकर को पकड़ा दिया। "जब मैं काम पर होती हूँ तो तुझे कजरी और घर का ध्यान रखना चाहिए, शंकू। तेरह साल का हो गया है, बच्चा नहीं है अब।"

"पर माँ, मैं तो यहीं घर के पास ही था," शंकर ने कहा और रोटी का एक टुकड़ा कजरी के मुँह में डालते हुए बोला, "और कजरी तो हमेशा मेरे साथ ही होती है। हम तो पक्के दोस्त हैं, हैं ना कजरी?"

"मैं-मैं-मैं!" कजरी ने जैसे शंकू की बात का जवाब हाँ में दिया।

थोड़ी देर में हल्की-हल्की ठंडी हवाओं ने आँधी का रूप ले लिया और फिर शुरू हो गई बारिश! आस-पास के बच्चे किलकारियां मारते हुए बाहर आ गए। और बस, बारिश के पानी में भीगते हुए छपाक! छपाक!

शंकर का ख़ूब मन हो रहा था कि वो भी बाहर खेलने जाए, पानी में भीगे, गड्ढों में जमा पानी में उछल-कूद मचाए, पर माँ ने साफ़ मना कर दिया, "कहीं नहीं जा रहा तू! पानी में भीगेगा और तबियत ख़राब हो गई तो?"

मुँह फुलाकर शंकर कजरी के बग़ल में पसर गया और उसे सहलाने लगा। शंकर की माँ दरवाज़े पर बैठी बाहर ताक रही थी। सोच रही थी कि पानी बहुत ज़्यादा न बरसे। बारिश से गर्मी तो कम हो गई थी, पर एक चिंता भी थी। बारिश ज़्यादा हुई तो नदी के पास के इलाक़े में बाढ़ आ जाती थी।

पाँच दिन बीत गए पर बारिश नहीं रुकी। शंकर के मिट्टी के घर में सब तितर-बितर हो गया था। छत से जगह-जगह से पानी टपकने लगा, जिसे समेटने के लिए गीता ने उन जगहों पर बर्तन और बाल्टियाँ रख दीं। कजरी, शंकर और उसकी माँ कमरे के एक कोने में साथ बैठे बरसात के रुकने का इंतज़ार कर रहे थे।

वो रात बहुत डरावनी थी। बाहर नदी उमड़-घुमड़ रही थी और अजीब-सा शोर कर रही थी। बारिश की मोटी-मोटी बूँदें खपरैल पर थपेड़ों की तरह बरस रही थीं। कोने में पड़े-पड़े शंकर को देर से ही सही पर नींद आ गई।

अगली सुबह चीख़-पुकार लेकर आई। नदी अपना बाँध तोड़कर पूरे इलाक़े में घुस आई थी। लोगों के घरों के सामान पानी में काग़ज़ की नाव की तरह बह रहे थे।

शंकर के घर की हालत ख़राब थी। मिट्टी की ज़मीन कीचड़-कीचड़ हो गई थी। दीवारें भी गीली हो गई थीं। ऐसा लग रहा था जैसे घर कभी भी भरभरा कर गिर पड़ेगा। शंकर की माँ का चेहरा रोने जैसा हो गया था।

“चल बेटा शंकू, झटपट झोले में ज़रूरी सामान समेट ले। जितनी जल्दी हो सके हमें यहाँ से जाना होगा,” माँ ने एक चादर की पोटली बनाते हुए कहा। थोड़ी देर में उन्होंने कसकर शंकर का हाथ पकड़ा और वे घर के बाहर आ गए। पानी शंकर की कमर से भी ऊँचा हो चुका था। गीता ने मुड़कर अपने घर को देखा तो उसकी रुलाई फूट पड़ी। शंकर को समझ नहीं आ रहा था कि वो क्या कहे। अचानक वो चिल्ला उठा, “कजरी कहाँ है?”

उसने घबराकर इधर-उधर देखा और ज़ोर-ज़ोर से पुकारने लगा, “कजरी! कजरी!”

गीता भी परेशान हो गई। कजरी बहुत प्यारी थी उन्हें, पर ऐसी हालत में वो कजरी को कैसे ढूँढ़ते? शंकर बेचैनी से चारों तरफ़ देख रहा था। वो अपनी बचपन की दोस्त कजरी को लिए बिना यहाँ से जाने को तैयार नहीं था। आँसू उसकी आँखों से लुढ़ककर गालों पर बहने लगे। सभी लोग अपने-अपने घरों को छोड़कर जा रहे थे। गीता ने शंकर के

हाथ पर अपनी पकड़ को कसा और वो आगे बढ़ने ही लगे थे कि पानी में डूबती-उभरती दो आँखें नज़र आईं। वो काली-काली आँखें बहुत अपनी-सी थीं। शंकर को लगा वो रो रही है, ख़ूब डर भी गई है।

"कजरी!" शंकर थरथराई-सी आवाज़ में चिल्लाया और उस तरफ़, पानी में कूद पड़ा।

"शंकू! नहीं, मत जा!" गीता का दिल मानो उछलकर गले में आ गया। उसने फिर से शंकर को आवाज़ लगाने के लिए मुँह खोला मगर सामने जो हो रहा था, वह देखकर गीता की आवाज़ गले में अटककर रह गई।

शंकर तैर रहा था, उसके हाथ एक माहिर तैराक़ की तरह पानी को चीरते जा रहे थे। कुछ ही मिनटों में कजरी उसके कंधे पर थी और शंकर गीता की तरफ़ तैरता हुआ वापस आ रहा था, जैसे ये उसके रोज़ का काम हो। उसके चेहरे पर प्यारी-सी मुस्कान थी।

गीता ने पोटलियों को छाती से लगा रखा था। उसका दिल डर के मारे ज़ोर-से धड़क रहा था। वो पास आया तो गीता ने उसे कसकर गले लगा लिया। उसे लगने लगा कि उसका बेटा अचानक बहुत बड़ा हो गया हो।

"कब सीखा तूने तैरना? मुझे पता भी नहीं चला। किसने सिखाया? तू नदी में अकेला जाता था?" शंकर की माँ ने एक साथ ढेर सारे सवाल पूछ लिए।

"नहीं, माँ! मैं अकेला कभी नहीं जाता," शंकर ने अपनी गोल-गोल आँखों को और बड़ा करके कहा। "रमेश काका और विक्की भैया साथ होते थे। उन्होंने ही सिखाया। काका कहते हैं कि सबको तैरना आना चाहिए। और वो कितना सच कहते हैं," शंकर ने कजरी को गले से चिपटा लिया जैसे उसे कोई सालों का बिछड़ा दोस्त मिला हो।

"फिर भी। मुझे बताना चाहिए था। पता है, तूने मुझे कितना डरा दिया था? तू बड़ा हो गया है, पर इतना भी नहीं," कहकर गीता ने कजरी के सिर पर हाथ फेरा। फिर वो धीरे-धीरे आगे बढ़ने लगे। जाने वो कहाँ जाएंगे? कुछ पता नहीं था।

तभी किसी की ज़ोर से चिल्लाने की आवाज़ आई।

"अरे, गाड़ी आ गई! गाड़ी आ गई! जल्दी-जल्दी चलो सब।"

थोड़ी देर बाद शंकर, उसकी माँ और शंकर की प्यारी कजरी, अपने बस्ती वालों के साथ सड़क के किनारे खड़े थे। एक बस उन सभी को किसी ऊँची और सूखी जगह पर ले जाने के लिए तैयार खड़ी थी।

जंगल का संडे

हर्षा चौधरी

वनपुर की सुबह कुछ अलग ही थी। मुर्ग़े ने समय से पहले ही बाँग दे दी थी, हरि तोता डाल-डाल उड़कर सोए हुए पक्षियों को उठाने लगा। उधर छोटी कोयल ने भी अपनी प्यारी-सी आवाज़ में दूसरे पेड़ पर कुहू-कुहू की तान छेड़ दी, बंदर पोखर में उछल-कूद मचाते हुए खेल रहे थे और हाथी दादा अपनी सूँड़ में पानी भरकर सभी छोटे जानवरों के ऊपर बारिश करते हुए मस्ती कर रहे थे। असल में उस दिन संडे था, यानी फ़न डे! इस दिन बूढ़े बरगद दादा सभी को एक कहानी सुनाते थे। उनकी कहानी सिर्फ़ बच्चे नहीं, बड़े जानवर भी सुनने आते थे, चाहे फिर वो सौ साल के कछुआ काका हों, या फिर जंगल के राजा शेर, सभी को संडे का इंतज़ार रहता था। बरगद दादा तो कछुआ काका से भी बड़े थे। वो बताते कि पहले ज़माने में जंगल इतने घने हुआ करते थे कि जानवरों को तो पता भी नहीं था कि इंसान भी इस धरती पर रहते हैं। कभी कहते कि जंगल में बहुत सारे पानी के झरने हुआ करते थे। बरगद दादा सभी को बहुत प्यार करते थे। अपनी जड़ों से कभी लोमड़ी के बच्चों के लिए झूला बनाते, तो कभी ख़रगोश को अपनी शाख पर बैठाकर ऊपर से नज़ारे दिखाते। किसी जानवर को कभी चोट लग जाती तो वो अपनी छाल को पीसकर उसका लेप बना देते, और उन पर लगे लाल फल तो अक्सर ज़मीन पर बिखरे रहते ताकि सब खा सकें।

सभी जानवर कहानी सुनने के लिए इकट्ठा हो चुके थे। सभी बेसब्री से बरगद दादा की ओर देख रहे थे, लेकिन आज दादा थोड़े परेशान दिख रहे थे। वो दूर कुछ देखने की कोशिश कर रहे थे।

"क्या बात है दादा, आप ठीक तो हैं?" राजा शेर फ़िक्र से बोले।

"हाँ बेटा मैं ठीक हूँ। असल में मुझे दूर जंगल की सीमा पर धूल का कोहरा दिख रहा है। ये तूफ़ान भी नहीं क्योंकि मौसम तो बिल्कुल साफ़ है।"

"बस इतनी सी बात है, मैं अभी जाकर पता करके आता हूँ!" ख़बरी लंगूर ने कहा।

हँसी-ख़ुशी वाले माहौल में अचानक परेशानी घुल गई थी।

लंगूर डाल-डाल कूदता-फाँदता गया और जल्दी ही वापस आ गया। "दादा! वो बहुत बड़ी-बड़ी... मशीनें..." वह हाँफ रहा था।

"आराम से बताओ, क्या हुआ?" हाथी ने नरमी से कहा।

"जंगल काटने के लिए बहुत बड़ी मशीनें हमारी तरफ़ बढ़ रही हैं। इंसानों को घर बनाने के लिए ज़मीन चाहिए, इसलिए वो हमारे जंगल को काटना चाहते हैं। मैंने ख़ुद उन्हें बात करते सुना," वह एक ही सांस में बोला।

इतना सुनते ही सब घबरा गए, सभी में खुसर-फुसर शुरू हो गई। राजा ने इशारे से सबको शांत रहने को कहा।

"लेकिन वो हमारा जंगल क्यों उजाड़ना चाहते हैं? हम तो उनके घर नहीं जाते!" नन्हे मोर ने मासूमियत से पूछा।

"क्या ये धरती सिर्फ़ इंसानों की है, हमारी नहीं?" ख़रगोश ने ग़ुस्से से कहा।

"अब हम क्या करेंगे?" मोरनी की रुलाई रुक नहीं रही थी।

"डरने की ज़रूरत नहीं है, मैं एक दहाड़ मारूँगा और सब डरकर भाग जाएंगे," शेर ने कहा।

"पर उनके पास बंदूकें हैं!" लंगूर घबराते हुए बोला।

बरगद दादा भी परेशान हो उठे, उन्होंने सिर उठाकर दूर तक देखा।

हाथियों से भी बड़ी मशीनें तेज़ी से उनकी ओर बढ़ रही थीं।

"तुम सभी घने जंगल में चले जाओ, वहाँ तक मशीनें नहीं आएंगी," बरगद दादा ने आदेश दिया।

"हाँ, ये सही है। चलो अब देर करना ठीक नहीं," लोमड़ी बोली।

"हाँ, चलो!" सभी एक साथ बोले।

"मैं नहीं जाऊँगा। मैं बरगद दादू को अकेला छोड़कर कहीं नहीं जाऊँगा," उनकी डाल पर बैठा नन्हा मोर और ऊँची डाल पर चढ़ गया।

"मैं भी नहीं जाऊँगी," पीछे से छोटी कोयल बोली।

कुछ पल में सारे बच्चे बरगद दादा के तने से लिपटे खड़े थे। उनकी आँखें छलक आईं। सभी जानवरों को अपनी ग़लती का अहसास हुआ कि वो लोग पेड़-पौधों को कैसे भूल गए थे। बरगद दादा, इमली काकी, गूलर भाई, आम मामा—ये सब कहाँ जाएंगे?

"हमें जंगल को बचाने के लिए कोई तरक़ीब निकालनी होगी," शेर ने कुछ सोचते हुए कहा।

"मेरे पास एक आइडिया है," बरगद दादा बोले। सब ध्यान से सुनने लगे। बरगद दादा की बात सुनकर सबकी आँखें चमक गईं। कुछ ही देर में सारे जानवर इकट्ठा होकर जंगल के बाहर पहुँच गए। अब सबने एक-दूसरे का हाथ पकड़कर चेन बनाई और पेड़ों को घेर लिया। मशीन चलाने वाले हैरान थे। उन्होंने आँखों से इशारा किया और

मशीनें चालू कर दीं। सारा जंगल मशीनों की तेज़ गड़गड़ाहट से गूँज गया। पर जानवर ज़रा भी नहीं डरे। मशीनें आगे बढ़ीं पर जानवर टस से मस न हुए। उन्हें अपना जंगल बचाना था। जैसे ही मशीनें पास आने लगीं, ज़मीन काँपने लगी। तेज़ होते शोर से पंछी चिल्लाने लगे, बरगद दादा की डालों पर छुपे नन्हे जानवर थोड़ा और सिकुड़ गए।

बरगद दादा ने सिर उठाकर देखा, तो सिवाय धूल के उन्हें कुछ दिखाई नहीं दिया। उनकी आँखों से आँसू छलक आए।

“हे भगवान! मेरे बच्चों की रक्षा करना,” वो बुदबुदाए। कुछ देर बाद मशीनों की आवाज़ दूर जाती सुनाई दी। जानवरों की जीत हुई। मशीनें सचमुच पीछे हट गईं। पीली जैकेट और टोपियाँ पहने आदमियों की भीड़ भी शहर लौट गई। जंगल का संडे एक बार फिर फ़न डे बन गया था।

होमवर्क

—

तरंग सिन्हा

पीयूष अपनी पीठ पर भूरे रंग का पुराना-सा बस्ता टाँगे अपने स्कूल पहुँचा। सफेद कमीज़, नेवी ब्लू हाफ़ पैंट और पैरों में हवाई चप्पल। सब बच्चे क्लास में जा चुके थे और वो आज फिर से लेट था। वो लोग कुछ ही दिन पहले गाँव से शहर आए थे। छोटा-सा किराए का खपरैल वाला मकान था उनका। माँ ने उसका नाम पास के सरकारी स्कूल में लिखा दिया था।

"बेटा मन लगाकर पढ़ना, अच्छा!" पीयूष को स्कूल भेजने से पहले उसकी माँ रोज़ उससे यही कहती।

पीयूष अपनी क्लास के दरवाज़े पर पहुँचा तो देखा बच्चे तो क्या, आज तो मैडम भी आ गई थीं। उसकी क्लास में एक नई टीचर आई थीं—सुरभि मैडम। वो रोज़ कलफ़ लगी सूती या ताँत की साड़ी पहनती थीं, गर्दन पर टिका बालों का जूड़ा और बड़ी-सी गोल बिंदी।

"अंदर आ जाएं मैडम?" उसने धीरे से पूछा।

"आज फिर देर से आए हो?" मैडम की आवाज़ ग़ुस्से-से भरी थी।

सुरभि मैडम पढ़ाती तो बहुत अच्छा थीं, मगर डाँटती भी बहुत थीं। वो एक भी क्लास नहीं छोड़ती थीं, सब विषयों की अच्छे से पढ़ाई होती।

"सॉरी, मैडम! आगे से हम टाइम पर आएंगे," पीयूष सिर झुकाकर बोला।

"परसों भी तुमने यही कहा था। तुम्हारी मम्मी तुम्हें वक़्त पर तैयार क्यों नहीं करतीं? अब आगे से देरी होगी तो मैं बाहर खड़ा रखूँगी। चलो, आ जाओ अंदर," मैडम ने झिड़का और खड़ी होकर ब्लैकबोर्ड पर कुछ लिखने लगीं।

पीयूष के माँ-पापा दोनों काम पर जाते थे। पापा मज़दूरी करते थे और माँ पास की हटिया में सुबह-शाम सब्ज़ी का छोटा-सा ठेला लगाती थीं। सुबह काम पर जाने की आपा-धापी में अक्सर देर हो जाया करती।

पीयूष चुपचाप अपनी सीट पर बैठ गया।

"कल का होमवर्क पूरा हो गया है सबका?" मैडम ने पूछा। "चलो, सब अपनी कॉपी लेकर लाइन में खड़े हो जाओ और एक-एक करके अपना होमवर्क दिखाओ मुझे।"

सभी बच्चे लाइन लगाकर टेबल के सामने खड़े होने लगे। ये नियम मैडम ने ही बनाया था।

"पीयूष, तुम अपनी सीट पर ही क्यों बैठे हो अब तक? होमवर्क नहीं किया?" मैडम बोलीं तो पीयूष ने खड़े होकर ना में सिर हिला दिया।

"इधर आओ। मैं तंग आ गई हूँ तुमसे!"

वह कॉपी लेकर उनके सामने खड़ा हो गया। मैडम ने उसकी कॉपी को उलट-पलट कर देखा, फिर बोलीं, "तुम अपना होमवर्क क्यों नहीं करते? क्या करते रहते हो घर में?"

बगल की क्लास में गणित की पढ़ाई हो रही थी। पाँच एकम पाँच, पाँच दुनी दस, पाँच तिया…

"जवाब क्यों नहीं दे रहे?" मैडम ने ज़ोर से कहा तो पीयूष सिहरकर, अपनी गोल-गोल आँखों से उन्हें देखने लगा।

"मैं तुम्हारे पापा से शिकायत करूँ?"

"पापा मना करते हैं," उसने धीरे से जवाब दिया।

मैडम के माथे पर बल पड़ गए, "किस चीज़ के लिए मना करते हैं? होमवर्क करने के लिए?"

"जी, वो बोलते हैं कि हम ज़्यादा लिखेंगे तो कॉपी ख़त्म हो जाएगा और फिर नया ख़रीदना पड़ेगा... उतने पैसे नहीं हैं उनके पास," कहते-कहते उसकी आँखें डबडबा गईं।

मैडम एकदम चुप होकर, कुछ देर के लिए उसे बस देखती रहीं। उनके चेहरे पर एक उदासी उतर आई और आँखें मानो भीगने को थीं। वो

बहुत ही मुलायम आवाज़ में बोलीं, "कोई बात नहीं, जाओ जाकर बैठ जाओ।"

अगले दिन पीयूष स्कूल टाइम पर पहुँच गया। बस घंटी बजने ही वाली थी। थोड़ी देर में सुरभि मैडम क्लास में आईं तो उनके हाथ में एक छोटा-सा थैला था।

"बच्चो, मैंने एक नया नियम बनाया है। जो भी नया बच्चा आएगा, मैं उसे एक छोटा-सा गिफ्ट दूँगी," सुरभि मैडम ने मुस्कुराकर कहा। आज वो बिल्कुल डाँटने वाले मूड में नहीं थीं।

"है ना मज़ेदार नियम?" उन्होंने पूछा, तो सब बच्चे मुस्कुराने लगे और एक सुर में बोले, "जी मैडम।"

"तो तुम सब जानते हो ना कि पीयूष इस क्लास में नया-नया आया है?"

"जी मैडम," सबने फिर से एक साथ कहा।

"तो ये गिफ्ट है, पीयूष का!" कहते हुए उन्होंने पीयूष को अपने पास बुलाया और थैला उसे दे दिया।

सभी बच्चे ताली बजाने लगे।

पीयूष ने थैले में झाँककर देखा। उसमें छः कॉपियाँ थीं, पाँच पेंसिलें, नीले रंग का कटर और गुलाबी रबड़ और एक छोटा-सा कलर पेंसिल का पैकेट भी! उसके चेहरे पर ख़ुशी की चमक आ गई।

“मेरे लिए?” वो चहककर बोला।

“बिल्कुल, सिर्फ़ तुम्हारे लिए!” मैडम ने प्यार से कहा तो पीयूष के होंठों पर एक प्यारी-सी मुस्कान फैल गई। अब पीयूष कभी लेट नहीं होता, और उसका होमवर्क? वो तो हमेशा पूरा!

सूरज खो गया

दीपक हीरा रंगनाथ

ये एक दिन की बात है... नहीं-नहीं, दिन की नहीं, एक रात की बात है। अरे, रात की भी नहीं, सुबह की बात है। या ये कहूँ कि रात और सुबह के बीच की बात है!

उस रात जब रात ख़त्म होने वाली थी और सुबह आने वाली थी, कुछ गड़बड़ हो गई। न रात बीती, न सुबह आई। न अंधेरा गया, न रौशनी आई।

जानते हैं क्यों?

क्योंकि उस दिन सूरज उगना भूल गया। वो आसमान पर आया ही नहीं। वही सूरज जो रोज़ सुबह आकर सारी दुनिया को जगाता है, जिसके आने पर हर चिड़िया गर्दन उठाकर चीं-चीं सुरीले गाने गाती है, लाल, नीले, पीले, गुलाबी फूल खिल जाते हैं, सोए हुए भँवरे फिर से गुनगुन-गुनगुन करने लगते हैं और माँ-पापा बंटी, गोलू, बिट्टू, पिंकी को जगाकर नहला-धुलाकर स्कूल भेज देते हैं।

आज वो सूरज उगा ही नहीं। चाँद बड़ी देर तक आसमान में टहलता रहा। बार-बार अपनी खिड़की पर जाकर पूरब दिशा की ओर देखता रहा। "कब आएगा ये सूरज? कब होगी मेरी छुट्टी? मुझे तो अपने दोस्तों के साथ जाकर खेलना है... ध्रुव तारे को मेरा इंतज़ार होगा। और बाक़ी तारे तो पहले ही खेलने चले गए होंगे। बस मैं ही इस

आसमान में टहल रहा हूँ। सूरज आ जाएगा तो मैं अपना काम उसको देकर खेलने चला जाऊँगा," चाँद अकेले में बड़बड़ाता रहा लेकिन सूरज कहीं दिख ही नहीं रहा था।

पहले तो सारे बच्चे बहुत ख़ुश हुए कि आज स्कूल नहीं जाना पड़ेगा। कोई पढ़ाई-लिखाई नहीं होगी। सारे फूल भी ख़ुश हो गए कि आज देर तक सोने को मिलेगा। सारे पंछी भी ख़ुश थे कि आज सुबह-सुबह गाना नहीं पड़ेगा। लेकिन जैसे-जैसे समय बीता, सारे बच्चे, सारे फूल और सारे पंछी उदास हो गए।

बंटी, गोलू, बिट्टू, पिंकी को स्कूल जाकर फ़ुटबॉल खेलना था, लाइब्रेरी में कहानियों वाली किताबें पढ़नी थीं और मैथ्स के सवाल भी हल करने थे।

फूलों को तितलियों से मिलना था... पंछियों को गाना गाना था... लेकिन सबसे ज़्यादा उदास पता है कौन था?

पेड़ों के पत्ते।

रोज़ सुबह सूरज के निकलते ही उसकी रौशनी की मदद से सारे पत्ते अपना खाना बनाने लगते थे, लेकिन आज कोई पत्ता खाना ही नहीं बना पा रहा था।

सारी दुनिया को यूँ उदास देखकर सूरज की माँ ने ज़ोर से आवाज़ लगाई, "कहाँ गए बेटा सूरज? देखो सारी दुनिया को तुम्हारा इंतज़ार है।"

माँ ने भी सूरज को बहुत ढूँढ़ा। सफ़ेद बादलों के बड़े-बड़े कंबल हटाकर देखे, काले बादलों की रज़ाई सरकाकर देखा, लेकिन सूरज कहीं नहीं मिला।

माँ ने सोचा कि अब सबकी मदद लेनी चाहिए, क्या पता अगर सूरज किसी मुसीबत में हो! सूरज की माँ धरती पर गईं और सबसे मदद माँगने लगीं। लेकिन सूरज उगा नहीं था, इसलिए सुबह आई नहीं थी। और सुबह आई नहीं थी इसलिए सारे जानवर, सारे पंछी, सारे पेड़ अभी सो ही रहे थे। फिर कौन आता सूरज की माँ की मदद करने?

सूरज की माँ थक-हारकर एक पेड़ के नीचे बैठ गईं। फिर उन्हें किसी के दाना चुगने की आवाज़ आई। उन्हें लगा कि शायद कोई जाग रहा है। चलो उसी से मदद माँगी जाए।

सूरज की माँ उठीं और पेड़ के पीछे देखने लगीं। वहाँ एक मुर्गा दाने चुग रहा था। सिर पर बड़ी सुंदर लाल कलगी थी, पीली गर्दन और उसके पंखों में तो कई रंग थे। लाल, पीला, नारंगी, थोड़ा हरा, थोड़ा नीला... ढेर सारे रंग!

सूरज की माँ ने उससे कहा, "क्या तुमने मेरे सूरज को देखा है?"

मुर्गे ने एक पल सोचा और बोला, "कौन? वो जो आसमान में चमकता है?"

"हाँ-हाँ, वही।"

"वो जो आग का गोला है?"

"हाँ, वही-वही!"

"वही, जो गर्मी में हमको जलाता है और सर्दी में बहुत देर से आता है?"

"हाँ बाबा, हाँ! बिल्कुल सही। वही है मेरा सूरज," सूरज की माँ ने बड़ी ख़ुशी से कहा।

लेकिन मुर्गा बोला, "जी नहीं। मैंने तो उसे आज देखा ही नहीं।"

सूरज की माँ फिर उदास हो गईं। उनका चेहरा देखकर मुर्गा बोला, "चिंता न करें... चलिए, आप और मैं मिलकर उसे ढूँढ़ते हैं।"

बस फिर क्या था, मुर्गा आगे-आगे और सूरज की माँ पीछे-पीछे। दोनों चलते रहे, चलते रहे... मुर्गे ने हर कोना, हर दरवाज़ा, हर गली में देखा लेकिन सूरज कहीं नहीं था। सूरज तो दूर आसमान के उस तरफ़ अपने दोस्तों के साथ खेल रहा था। उसे माँ की आवाज़ सुनाई ही नहीं दे रही थी।

फिर मुर्गे ने एक आइडिया निकाला। उसने अपना गला साफ़ किया, गर्दन उठाई और ज़ोर से चिल्लाया, "कुकुड़ुक कू... कुकुड़ुक कू... कुकुड़ुक कू!"

मुर्गे की आवाज़ इतनी तेज़ थी कि वो आसमान के पार, बहुत दूर तक चली गई। सूरज के कानों में आवाज़ पड़ते ही उसे समझ आ गया, "मुझे खेलते-खेलते बहुत देर हो गई है। अब तो मुझे धरती को धूप देनी होगी।"

सूरज दौड़ा-दौड़ा आया और सारे बादल हटाकर आसमान पर बैठ गया। सारी धरती पर धूप खिल गई। सारे फूल खिल गए। सारे पंछी चीं-चीं करके मीठे-मीठे गाने गाने लगे। बंटी, गोलू, बिट्टू, पिंकी जल्दी से नहा-धोकर स्कूल चले गए। और सूरज की माँ? वो तो बहुत ही ख़ुश हो गईं। उन्होंने मुर्गे को गले से लगा लिया और उसे बहुत सारा प्यार दिया।

मुर्गा बोला, "सूरज सारी दुनिया को जगाता है... आज से मैं सूरज को बांग देकर जगाऊँगा। रोज़ जगाऊँगा! कुकुड़ुक कू... कुकुड़ुक कू... कुकुड़ुक कू!"

जन्मदिन का गिफ्ट

—

तरंग सिन्हा

आज तारीख़ थी 21 फ़रवरी, यानी मयंक का जन्मदिन। वह सुबह-सुबह अपने पापा के साथ बस स्टॉप पर खड़ा स्कूल बस का इंतज़ार कर रहा था। उसके बैग में चॉकलेट का एक पैकेट था और मज़ेदार टिफ़िन... माँ ने सुबह उठकर पूरी सब्ज़ी और खीर बनाई थी और मिठाई, जो पापा कल रात ही लाए थे। साथ ही थी पापा की दी हुई सबसे सुंदर पज़ल बुक।

मयंक बहुत ख़ुश था। आज क्लास में सब उसे विश करेंगे। गाएंगे, 'हैप्पी बर्थडे टू यू, हैप्पी बर्थडे डियर मयंक...' और वो सबको चॉकलेट देगा। क्लास में हर किसी के जन्मदिन पर ऐसा ही होता था। बड़ा मज़ा आता था।

हॉर्न की आवाज़ आई और स्कूल बस वहाँ पर रुक गई। "बाय, पापा!" मयंक बोला और बस पर सवार हो गया। सबसे पहले उसकी नज़र आदित्य पर पड़ी। क्लास का सबसे पॉपुलर लड़का। पढ़ाई में तेज़, स्पोर्ट्स में होशियार और उसकी ड्रॉइंग तो शानदार थी। क्लास क्या, पूरे स्कूल में सभी उसे बहुत पसंद करते थे।

और तभी मयंक को याद आया कि आज तो आदित्य का भी जन्मदिन था! हाँ, कल क्लास में सभी बातें कर रहे थे।

"हैप्पी बर्थडे, आदित्य!" मयंक बोला।

"थैंक्यू!" कहकर वो अपने बगल वाले लड़के से बातें करने लगा। आदित्य ने उसे विश नहीं किया। बहुत बुरा लगा मयंक को।

क्लास में घुसते ही सभी बच्चों ने दोनों को विश किया और पढ़ाई शुरू हो गई।

लंच पीरियड के पहले कोमल मैम की क्लास थी। वो मैथ्स पढ़ाती थीं, जो मयंक का फ़ेवरेट सब्जेक्ट था। कोमल मैम सभी बच्चों को प्यार करती थीं मगर मयंक को जाने क्यों लगता कि उनका फ़ेवरेट भी आदित्य ही था।

क्लास शुरू करने से पहले, कोमल मैम ने मयंक और आदित्य दोनों के लिए बर्थडे सॉन्ग गाना शुरू किया तो सभी बच्चे शामिल हो गए। वो दोनों के लिए क्यूट से कार्ड बना कर लाई थीं, और साथ ही बिल्कुल एक जैसे पेन।

मयंक और आदित्य, दोनों ने सभी बच्चों और कोमल मैम को चॉकलेट दी। क्लास के बाद जब कोमल मैम चली गईं तब आदित्य के बेस्ट फ्रेंड अर्नव ने अपने बैग से एक बड़ा-सा पैकेट निकाला। चमकीले काग़ज़ में लिपटा। “फिर से हैप्पी बर्थडे, आदित्य!” कहकर उसने वो गिफ्ट आदित्य को पकड़ा दिया। आदित्य ख़ुश होकर पैकेट खोलने लगा और सब बच्चे उसे घेर कर खड़े हो गए।

मयंक अचानक बहुत अकेला-सा महसूस करने लगा। उसके लिए तो कोई गिफ्ट नहीं लाया था। कोई बात नहीं, कोमल मैम ने तो उसे गिफ्ट दिया था। कितना अच्छा पेन है। मयंक ने अपने मन को समझाया, पर फिर भी उसका मन थोड़ा-थोड़ा उदास होने लगा था।

उधर आदित्य गिफ्ट का रैपर खोल रहा था और इधर मयंक डेस्क पर पड़े एक चॉकलेट के खाली रैपर से खेलने लगा।

आदित्य के गिफ्ट पैक में एक ड्रॉइंग किट थी। एक कलरिंग बुक, स्केच पेन्स, क्रेयॉन, ऑयल पेस्टल, पेंसिल का एक पैक, एक बड़ा-सा टेडी शेप का इरेज़र और जाने क्या-क्या।

"थैंक्यू सो मच, अर्नव!" आदित्य चहक कर बोला। उसके चेहरे पर बड़ी-सी मुस्कान थी। मयंक को लगा कि उसे क्लास से बाहर चले जाना चाहिए, वैसे भी ये लंच पीरियड था। तभी उसकी नज़र आदित्य की ओर गई। वो उसे ही देख रहा था। मयंक ने अपना टिफ़िन बॉक्स निकाला और बाहर जाने के लिए उठा, लेकिन आदित्य बिल्कुल उसके सामने आकर खड़ा हो गया और बोला, "मयंक, हैप्पी बर्थडे टू यू! मैं ये गिफ्ट तुम्हारे साथ शेयर करना चाहता हूँ। देखो, कितनी सारी चीज़ें हैं। तुम्हें इसमें से क्या पसंद है?"

मयंक चौंककर आदित्य को देखने लगा।

"लेकिन ये गिफ्ट तो अर्नव ने तुम्हें दिया है। मैं इसे कैसे ले सकता हूँ?" मयंक हैरान था।

"क्यों नहीं ले सकते? भूल गए मैम ने क्या कहा था, शेयरिंग इज़ केयरिंग!"

आदित्य ने कहा तो मयंक ने झट से बैग से अपनी पज़ल बुक निकाल के उसे दे दी और हँस के बोला, "यस! शेयरिंग इज़ केयरिंग!"

गुजिया फ़ाइट

स्मृति सचदेवा

होली का त्योहार आने को था। हर जगह गुलाल था, गुजिया थी और बच्चों के गोल-मटोल चेहरों पर बहुत सारा उत्साह। मगर मोजो और उसके दोस्त उदास थे। उदास इसलिए क्योंकि वो हर साल की तरह इस साल भी शायद गुजिया फ़ाइट में हारने वाले थे।

गुजिया फ़ाइट मोजो की सोसाइटी और सामने वाली सोसाइटी के बच्चों के बीच का खेल था। ये खेल वे सब होली के दिन खेलते थे। इसके आसान से नियम थे। दूसरी सोसाइटी के बच्चे आकर मोजो के सोसाइटी कंपाउंड से गुजिया चुराने की कोशिश करेंगे। मोजो की टीम पानी के ग़ुब्बारे फेंककर उन्हें रोकेगी। जिस प्लेयर को ग़ुब्बारा लगा, वो आउट। गेट तक पहुँचने से पहले मोजो की टीम को सबको आउट करना था। इस बीच दुश्मन हवा में रंग उड़ाकर उन्हें गुमराह कर सकता था।

मोजो और उसके दोस्त पिछले तीन साल से हार रहे थे। वो अब हार-हार के थक चुके थे, सो उन्होंने तय किया कि इस बार इस्तेमाल करेंगे अपना हुकुम का इक्का—बिल्लू।

बिल्लू मोजो की सोसाइटी की सबसे पक्की निशानेबाज़ थी और सबसे तेज़ खिलाड़ी भी। वो अक्सर पिट्ठू के खेल में गेंद मार-मारकर सबको ढेर कर दिया करती थी। अपनी तेज़ी और पक्के निशानों से वो गुजिया फ़ाइट भी जिता सकती थी। पर इसमें एक मुश्किल थी।

बिल्लू को रंग बिल्कुल पसंद नहीं थे, इसलिए जंगली बिल्लू हर साल होली के दिन भीगी बिल्लू बन जाती थी और घर में छुप जाया करती। मगर इस बार उसे किसी भी तरह गुजिया फ़ाइट खेलने के लिए राज़ी करना ही था।

सोसाइटी के सारे बच्चों ने होली से एक शाम पहले बिल्लू के घर सभा बिठाई।

"बिल्लू तू हमारी बेस्ट स्नाइपर है, प्लीज़ मान जा ना!" मोजो ने कहा पर बिल्लू ने गर्दन हिलाकर मना कर दिया।

"बिल्लू मैं एक हफ़्ते तक तेरा सारा होमवर्क कर दूँगा," टिंकू बोला, जिसने आज तक ख़ुद अपना होमवर्क कभी वक़्त से नहीं किया, पर वो जीतने के लिए क़ुर्बानी देने को तैयार था। मगर बिल्लू फिर भी नहीं मानी।

"हम हार गए तो हमारी नाक कट जाएगी, तुझे कोई फ़र्क नहीं पड़ता हमारी नाक कटने से?" चिंकी ने दोस्ती की दुहाई दी, पर बिल्लू मैडम पर कुछ असर नहीं हुआ।

सबने मिलकर बिल्लू को गुजिया की रिश्वत दी, होमवर्क करने के वादे किए, उसे दोस्ती की क़समें दीं, मगर बिल्लू टस से मस नहीं हुई। बिना बिल्लू के तो हारना तय था।

होली के दिन ठीक सात बजे मोजो और उसकी सेना सोसाइटी कंपाउंड में इकट्ठा हुई। उन्होंने गेट के पास वाले नल से अपने ग़ुब्बारे भरना शुरू किए। ये रंगबिरंगे ग़ुब्बारे उनके हथियार थे। बिल्लू अपनी

बालकनी पर खड़ी उन सबको देख रही थी पर सबने उसे अनदेखा करके गेम पर फ़ोकस किया।

ठीक नौ बजे सारी टीम अपनी-अपनी ग़ुब्बारों की बाल्टी लेकर तैयार थी। छः दुश्मन उनकी सोसाइटी में भागते हुए आए। मोजो की सेना ने हर तरफ़ से ग़ुब्बारे बरसाने शुरू कर दिए। चिंकी और मोजो ने एक-एक दुश्मन को ढेर किया। टिंकू, जिसने निशाने लगाने का बहुत अभ्यास किया था, उसने पूरे तीन दुश्मन धराशायी किए। अब बाक़ी था दुश्मन टीम का सबसे शातिर खिलाड़ी, राहुल उर्फ़ बघीरा। छोटे क़द का बघीरा छिपने में भी माहिर था और भागता भी तेज़ था। वो कहीं नहीं दिख रहा था। फिर अचानक वो पूरी तेज़ी से सोसाइटी गेट से बाहर की तरफ़ भागता नज़र आया। मोजो, चिंकी और टिंकू उससे बहुत दूर थे। टिंकू की इतनी मेहनत और अच्छी निशानेबाज़ी के बाद भी जीत उनसे दूर जा रही थी। चिंकी ने तो सिर ही पकड़ लिया। अचानक हवा में गुलाल की चादर बिछ गई। किसी को कुछ नहीं दिख रहा था। कुछ मिनट बाद हवा से गुलाल छँटा तो ये क्या!

रंगों में नहाई हुई बिल्लू वहाँ खड़ी थी। उसने एक ग़ुब्बारा उछाला और बघीरा गेट से बाहर जाने से पहले ही ढेर। मोजो और उसके दोस्त जीत गए। बिल्लू ज़ोर से चिल्लाई, "बुरा न मानो होली है!"

टमटम वन का छोटा तोता

—

डॉ रंजना जायसवाल

बहुत समय पहले की बात है एक जंगल था टमटम वन... टमटम वन अपने नाम की तरह सुंदर था। इस वन में बड़े-बड़े छायादार और फूल-फल वाले पेड़ लगे हुए थे। जंगल के बीचोबीच एक सुंदर-सी नदी बहती थी। पानी इतना साफ़ कि अपना चेहरा भी देख लो। उस जंगल में बहुत सारे पशु-पक्षी रहा करते थे। उनमें बहुत एकता थी। सब मिल-जुलकर हँसी-ख़ुशी एक साथ रहा करते थे। उस जंगल में एक तोता अपने मम्मी-पापा के साथ रहता था।

छोटा तोता बड़ा शरारती था, दिनभर इधर से उधर फुदकता रहता। कभी इस डाल पर, तो कभी उस डाल पर... सब उसे कितना समझाते—

"इतनी शैतानी अच्छी बात नहीं है। अपनी शैतानी की वजह से तुम किसी दिन बड़ी मुसीबत में पड़ जाओगे।"

पर छोटा तोता तो छोटा तोता ही था, उसे कहाँ किसी की बात समझ में आती। एक दिन की बात है, टमटम वन में एक बहेलिया आया। बहेलिया, यानी जो अपने साथ चिड़ियों को पकड़ने वाला जाल लेकर चलता है। जब टमटम वन के सारे पशु-पक्षी सो रहे थे, उसने धीरे से अपना जाल बिछाया। तोते के मम्मी-पापा ने उस बहेलिये को जाल बिछाते देख लिया। उन्होंने ज़ोर से शोर मचाया।

"उठो-उठो! जंगल में बहेलिया आया है।"

सब हड़बड़ाकर उठ गए और इधर-उधर भागने लगे। उन्होंने छोटे तोते से कहा, "बेटा! जल्दी से उड़कर जंगल के सबसे बड़े और ऊँचे पेड़ पर जाकर बैठ जाओ। यह बहेलिया पक्षियों को पकड़कर शहर में बेच देता है।"

शहर! उस छोटे तोते के दिमाग़ में तो कुछ और ही बात चलने लगी थी। उसका कितने दिनों से शहर घूमने का मन था, पर मम्मी-पापा मानते ही नहीं थे। वे उसे हमेशा समझाया करते, "हमारे जंगल की दुनिया बहुत सुंदर है। हम यहाँ अपनों के बीच सुरक्षित हैं। हम पर कोई भी मुसीबत आती है तो हमारे बड़े हमें संभाल लेते हैं। वहाँ हमारा कोई नहीं..."

पर छोटा तोता तो छोटा तोता था। एक बार जो मन में ठान लिया, तो बस ठान लिया! वह हमेशा इस फ़िराक़ में रहता था कि उसे शहर जाने का मौक़ा मिल जाए। तोते के मम्मी-पापा उड़कर जंगल के सबसे बड़े और ऊँचे पेड़ पर जाकर बैठ गए पर छोटे तोते ने अपने मम्मी-पापा की बात नहीं सुनी और जान-बूझकर बहेलिये के जाल में फंस गया।

बहेलिये ने उस छोटे तोते को पकड़ लिया। छोटा तोता अपने पकड़े जाने से बहुत ख़ुश था। उसकी शहर देखने की इच्छा पूरी होने जा रही थी। बहेलिया उसे शहर ले भी गया पर पक्षियों के बाज़ार में! और

फिर बहेलिये ने छोटे तोते को एक ग्राहक को बेच दिया। छोटे तोते को नया घर मिल गया।

उसके लिए एक सुंदर-सा पिंजरा लाया गया। जिसके बीचोबीच एक झूला लगा हुआ था। छोटा तोता उस पर दिन भर झूलता रहता था।

अब उसे भोजन की तलाश में इधर-उधर भागना नहीं पड़ता था। घर की मालकिन उसे समय-समय पर भोजन देती रहती थी। पिंजरे में दो कटोरियाँ रखी गई थीं। एक कटोरी में पानी और दूसरी में खाने का सामान रखा जाता था। वह दिन भर हरी मिर्च, रोटी और चावल-दाल खाता रहता। घर के बच्चों ने उसका नाम रख दिया। सब उसे मिट्ठू कहकर पुकारते थे। धीरे-धीरे बच्चों ने उसे उनकी भाषा बोलना भी सिखा दिया था।

“राम-राम, राम-राम!”

वह सुबह-सवेरे सबको राम-राम बोलता और अगर कोई घर में आता तो उसे नमस्ते भी करता। कभी-कभी तो ख़ुश होकर कहता, “मम्मी खाना दो! मम्मी खाना दो!”

घर के लोग मिट्ठू से बहुत ख़ुश थे और मिट्ठू भी उनके साथ बहुत ख़ुश था। एक दिन मिट्ठू ने देखा बच्चे घर में टीवी देख रहे थे। टीवी पर एक जंगल का दृश्य दिखाई दे रहा था। बड़ा-सा जंगल, बड़े-बड़े पेड़ और ख़ूब सारे पशु-पक्षी यहाँ-वहाँ घूम रहे थे, उड़ रहे थे, बिल्कुल उसके टमटम वन की ही तरह।

मिट्ठू एकदम उदास हो गया। उसे अपने मम्मी-पापा और दोस्तों की याद आने लगी। उसका दिल चाह रहा था कि वह झट से उड़कर अपने मम्मी-पापा और दोस्तों के पास पहुँच जाए। उसने पूरी ताक़त के साथ अपने पंख फड़फड़ाए पर उस छोटे से पिंजरे में उसके पंख टकरा गए। उसने हिम्मत नहीं हारी, एक बार फिर पूरी ताक़त से कोशिश की, पर बेचारे मिट्ठू का सिर पिंजरे की जाली और चोंच कटोरी से टकरा गई। मिट्ठू रोने लगा।

"ऊं...ऊं...ऊं..."

पर उसके रोने से किसी को फर्क नहीं पड़ा। मिट्ठू बहुत दुखी था। उसने खाना-पीना भी छोड़ दिया था। वह दिन भर बस रोता रहता और सोचता रहता, सब सही ही कहते थे कि हमारा जंगल सबसे सुंदर है। जब चाहो तब उड़ जाओ कोई रोकने-टोकने वाला भी नहीं।

मिट्ठू कई दिनों से मौक़े की तलाश में था कि उसे मौक़ा मिले और वह झट से उड़कर अपने साथियों के पास पहुँच जाए।

उस दिन संडे था। घर की मालकिन उसे हर संडे को नहलाती थी और उसके पिंजरे की सफ़ाई भी करती थी। घर की मालकिन की तबीयत आज कुछ ठीक नहीं थी इसलिए बच्चों ने मिट्ठू को नहलाने का प्रोग्राम बनाया। जैसे ही बच्चों ने पिंजरे का दरवाज़ा खोला, मिट्ठू ने अपने पंख फैलाए और पूरी ताक़त के साथ फुर्र से उड़ गया और देखते ही देखते वह छत पर पहुँच गया। बच्चे शोर मचाने लगे, "मिट्ठू उड़ गया! मिट्ठू उड़ गया!"

मिट्ठू उड़ता गया... उड़ता गया...

कितने दिनों बाद उसने खुला आसमान देखा था। उसने पंख फड़फड़ाए और तेज़ी से उड़ने लगा। उसे जल्दी से टमटम वन पहुँचना था।

जादू

तरंग सिन्हा

"तुम्हारा छोटू-सा भाई आने वाला है, पीहू!" पीहू की बुआ ने कहा और उसके गाल को प्यार से चूम लिया।

"क्यों? हो सकता है प्यारी-सी बहन हो," दादी ने मुस्कुराकर कहा और लाल रंग के छोटे-से स्वेटर को बिस्तर पर रख दिया। इतना छोटा स्वेटर कि सात साल की पीहू के सिर में भी फ़िट न हो!

घर में सब बहुत ख़ुश थे, ऐसी चहल-पहल थी जैसे कोई बर्थडे पार्टी।

और फिर क्रिसमस से दो दिन पहले पीहू का छोटा भाई पैदा हुआ। शाम को दादी घर आईं तो पापा पीहू को अस्पताल ले गए, तब उसने पहली बार अपने नन्हे-से भाई को देखा। नीले रंग के मिक्की माऊस वाले कंबल में लिपटा, हल्के गुलाबी रंग का, रूई-सा मुलायम। माँ ने उसे अपनी बाँहों में भर रखा था। उसे देखकर पीहू ज़ोर से चिल्लाई, "ये कितना छोटा है!" तो बेबी ने आँखें खोल लीं। उसकी बड़ी-बड़ी आँखें हरी थीं।

"मेरी आँखें ऐसी क्यों नहीं हैं? मेरी तो वही काली आँखें हैं जैसी सबकी होती हैं।"

तभी बुआ आईं और पीहू को परे सरकाकर बेड पर बैठ गईं, "ओह, कितना प्यारा है छोटू! भाभी मुझे दो ना," कहकर बुआ ने बेबी को अपनी गोद में ले लिया और फिर 'अलेलेले…' बोलकर अजीब-सी आवाज़ें निकालने लगीं तो मम्मी-पापा दोनों हँस पड़े।

सब बस छोटू को ही प्यार कर रहे थे; पीहू की तरफ़ कोई देख भी नहीं रहा था, जैसे कि वो वहाँ थी ही नहीं। वो बेबी के पास जाने लगी तो पापा ने उसे रोक दिया, "पीहू, तुम इधर ही रहो। अभी तुम इसे गोद नहीं ले सकतीं," उन्होंने कहा।

क्यों, वो क्यों नहीं ले सकती? वो तो छोटू की बड़ी बहन है ना! पीहू ने सोचा। उसकी मुस्कुराहट धीरे-धीरे फीकी पड़ने लगी और फिर ग़ायब हो गई। वो चुपचाप एक कोने में बैठ गई। क्या छोटू बेबी के आने के बाद उसे कोई प्यार नहीं करेगा? सब उसे ऐसे ही पीछे हटा देंगे? उसने छोटू बेबी की तरफ़ देखा। वो फिर से सो गया था। इस बार वो उसे उतना अच्छा नहीं लगा।

बाहर रात गहराने लगी थी जब अचानक अस्पताल के उस वॉर्ड का माहौल एकदम से बदल गया। सबने बेबी को छुआ और परेशान हो उठे। छोटू कब से सोया हुआ था। पापा जाकर डॉक्टर को बुला लाए। डॉक्टर ने बुखार बताया तो माँ रोने लगीं। फिर डॉक्टर और नर्स छोटू को लेकर कहीं चले गए।

"छोटू बेबी कहाँ गया, माँ?" उसने पूछा तो माँ ने लपककर पीहू को गले लगा लिया।

"छोटू बहुत बीमार हो गया है, बेटा। डॉक्टर उसे नर्सरी में ले गए हैं।"

पीहू का दिल ज़ोरों से धड़कने लगा और उसकी पलकें गीली होने लगीं। एक अजीब-सी उदासी थी सबके चेहरे पर। पीहू को अचानक लगने लगा कि छोटू, उसका प्यारा भाई जल्दी से ठीक हो जाए। कोई

बात नहीं अगर सब उसे ही ज़्यादा प्यार करें, उसी के साथ खेलें। पीहू को बहुत ज़ोर का रोना आया।

तभी उसकी नज़र कॉरीडोर में रखे सैंटा क्लॉज़ के स्टैच्यू पर गई। फिर उसे याद आया कि कल तो क्रिसमस है। क्रिसमस से पहले सैंटा से जो भी माँगो वो दे देते हैं, ऐसा पीहू ने एक कहानी में सुना था।

वो उस स्टैच्यू के सामने बैठ गई और बहुत ही धीमी आवाज़ में बोलने लगी, "डियर सैंटा, आप सभी अच्छे बच्चों को गिफ्ट्स देते हैं ना, क्या मैं अच्छी बच्ची हूँ? क्या आप मुझे एक गिफ्ट देंगे, प्लीज़? मैं अब से हमेशा अच्छी बच्ची बनकर रहूँगी। आप बस मेरे छोटू को ठीक कर दीजिए। मुझे और कुछ नहीं चाहिए। वो कितना छोटा, कितना प्यारा है। प्लीज़ कोई जादू कर दीजिए ना!"

पीहू रोते-रोते वहीं पर सो गई। जब उसकी आँख खुली तो वो अस्पताल के कमरे में, सोफ़े पर थी। हल्की-हल्की धूप उसके चेहरे पर पड़ रही थी। कमरे में सिर्फ़ उसकी दादी थीं। "सब कहाँ गए? और छोटू बेबी?" पीहू उठकर कॉरीडोर में आई और उसकी आँखें सैंटा पर टिक गईं।

तभी सामने से माँ और पापा आते दिखाई दिए। माँ की गोद में छोटू बेबी था और उनके चेहरे पर मुस्कुराहट!

"तुम्हारा छोटू बेबी ठीक हो गया है बेटा," माँ ने कहा। "गोद में लोगी इसे?"

पीहू ने ख़ुश होकर सिर हिलाया और कमरे में जाने लगी। फिर पलटकर सैंटा को देखा और बोली, "थैंक यू फ़ॉर यॉर जादू! मेरी क्रिसमस!"

जैकी और पिंकी

अनिता सेठी

"जैकी... जैकी..." ठेले के नीचे मज़े से सोते हुए जैकी के कान एकदम से खड़े हो गए। उसने मुँह उठाकर सामने स्कूल बस से उतरती हुई पिंकी की तरफ़ देखा। फिर अपने छोटे-छोटे चार पैरों पर दौड़ते हुए जाकर वह पिंकी की टांगों से लिपट गया। पिंकी आठ साल की थी और जैकी छह महीने का। फिर भी दोनों में पक्की दोस्ती थी।

पिंकी ने नीचे बैठकर जैकी को प्यार किया, "मैं आ गई जैकी!" जैकी ने भी ज़ोर से पूँछ हिलाई, "मैं भी आ गया पिंकी!" पिंकी ने अपनी जेब से ब्रेड का एक टुकड़ा निकाला और जैकी के मुँह में दे दिया। उसे लेकर जैकी झट से अपनी टोकरी में जाकर बैठ गया। पिंकी उसे 'आई लव यू!' बोलते हुए आया दीदी का हाथ पकड़कर अपने घर चल दी। जैकी भी धीरे से भौंका, वो भी 'आई लव यू!' कह रहा था।

नन्हा-सा जैकी सुनहरे भूरे रंग का बहुत प्यारा-सा पिल्ला था। उसकी मम्मी कहाँ थी, किसी को नहीं पता था। रोज़ वहीं खड़े होने वाले ऑटो वाले भैया ने एक टोकरी और पुरानी चादर से एक ठेले के नीचे उसके लिए बिस्तर बना दिया था। उसके खाने और पानी के लिए भी दो कटोरे रख दिए थे। वो उसको खाने के लिए रोटी देते और कभी-कभी बिस्किट भी। वो सबका प्यारा जैकी बन गया था।

शाम को जैकी रोज़ पार्क में पहुँच जाता। जब पिंकी अपने दोस्तों के साथ पकड़न-पकड़ाई खेलती, तो जैकी भी उसके साथ-साथ भागता। पिंकी के इतने सारे दोस्त थे, लेकिन जैकी की तो सिर्फ़ एक दोस्त थी... पिंकी!

फिर एक दिन पिंकी बस में आई ही नहीं। जैकी बहुत देर तक उसका इंतज़ार करता रहा। उस शाम को जब वो पार्क में गया, तो पिंकी उसे वहाँ भी नहीं दिखी। वह बहुत उदास हो गया। बहुत देर तक वहाँ ढूँढ़ने

के बाद वह वापस आ गया। उस रात जैकी ने खाना भी नहीं खाया। सुबह ऑटो वाले भैया उसके फ़ेवरेट बिस्किट ले आए। जैकी ने वो भी नहीं खाया। दोपहर को बस आने के टाइम से पहले ही वो वहाँ आस-पास चक्कर लगाने लगा। लेकिन पिंकी नहीं आई... अब तो जैकी को रोना आने लगा।

अगले तीन दिन तक जैकी को पिंकी न तो बस स्टॉप पर मिली, और ना ही पार्क में।

चौथे दिन शाम को जैकी उदास-सा घूमता हुआ पार्क में पहुँचा, तो एकदम से उसके कान खड़े हो गए। उसे पिंकी की ख़ुशबू आ गई थी। उसने जल्दी से इधर-उधर देखा, तो उसे पिंकी मिल गई। ख़ुशी के मारे वो भागा-भागा उसके पास जाकर उसके ऊपर कूद गया। पिंकी भी ज़ोर-ज़ोर से हँसती हुई वहीं घास पर गिर गई। जैकी ने चाट-चाटकर उसका मुँह गीला कर दिया। पिंकी ने उसे अपनी गोद में बैठा लिया, "जैकी मैं तो घूमने गई थी, आगरा! क्या तुमने मुझे मिस किया?"

जैकी की पूँछ ज़ोर-ज़ोर से हिलने लगी। "तुम कितने दुबले हो गए हो जैकी!" पिंकी ने जैकी की पीठ सहलाई। आया दीदी और ऑटो वाले भैया ने पिंकी को बताया कि जैकी ने तीन दिन से कुछ खाया नहीं।

रात को अपने घर में पिंकी सोचती रही कि अगर जैकी उसके घर में रहे, तो वो हमेशा साथ रहेंगे। उसका बेड वो अपने बेड के नीचे रख लेगी। फिर अगर कोई चोर आया तो जैकी भौंक-भौंककर उसको भगा देगा और वो फिर कभी उदास भी नहीं होगा।

अगले दिन सुबह-सुबह स्कूल जाने से पहले उसने पापा से पूछा, “पापा, क्या हम जैकी को अपने घर में ले आएं? वो मेरे साथ खेलेगा... हम ख़ूब मस्ती करेंगे।” पापा ने कुछ देर सोचा, फिर बोले, “अगर तुम्हें पैट डॉग रखना ही है, तो हम शॉप से कोई और अच्छा-सा डॉग ले लेंगे। लेकिन तुम्हें उसका ख़्याल रखना पड़ेगा... तुम शाम को हमारे साथ पैट शॉप में चलना।”

शाम को पापा, मम्मी और पिंकी बड़ी-सी पैट शॉप में गए। पिंकी सबको देखती रही। सुंदर-सुंदर, चमकदार बालों वाले पपी थे।

पापा ने पूछा, “बताओ कौन-सा चाहिए?” पिंकी रुआँसी हो गई, “यहाँ जैकी तो है ही नहीं। मुझे कोई भी नहीं चाहिए,” सब लोग घर आ गए। पिंकी उदास हो गई... बहुत-बहुत उदास। उसने तय किया कि अब वो कभी नहीं हँसेगी, पार्क भी नहीं जाएगी और खेलेगी भी नहीं! पापा-मम्मी को उदास पिंकी बिल्कुल अच्छी नहीं लग रही थी। अगली शाम जब पापा घर आए, तो उनके हाथ में एक टोकरी थी। पापा ने जैसे ही टोकरी नीचे रखी, उसमें से जैकी ने अपना मुँह बाहर निकाला और धीरे से भौंका। पिंकी ज़ोर से चिल्लाई, “जैकी... जैकी!” जैकी बाहर निकलकर इधर-उधर भागने लगा। पापा उसके लिए नया बेड और खिलौने भी लाए थे। उन्होंने जैकी को इंजेक्शन भी लगवा दिया था। पिंकी ने पापा के गाल पर एक मीठी-सी पप्पी दे दी। जैकी भी उनकी गोद में चढ़ गया। अरे, उसे भी तो पापा को पप्पी देनी थी!

शहर की सैर

हर्षा चौधरी

जंगल-जंगल बात चली है पता चला है... डमरू का फ़ोन गाने की एक ही लाइन को बार-बार गाते हुए बजा जा रहा था।

उसके दोस्त मिंकी का शहर से वीडियो कॉल था।

डमरू ने पहले सबको आवाज़ लगाई, "ओ मोरनी मौसी! अरे ओ, हिरण चाचा! गिल्लू, मुर्गा काका, कहाँ हो सब के सब? देखो मेरे दोस्त का शहर से वीडियो कॉल आया है, मैंने कहा था ना वो ज़रा भी नहीं बदला!"

इससे पहले बाक़ी जानवर कुछ कहते, डमरू फ़ोन लेकर इमली के पेड़ की सबसे ऊँची डाल पर जा बैठा।

उसने वीडियो ऑन किया तो देखा, मिंकी आँखों पर चश्मा चढ़ाए समंदर किनारे बैठा नारियल पानी पी रहा था।

"अरे वाह! मिंकी तू तो बहुत बड़ा बंदर हो गया है, क्या ठाठ हैं तेरे, एकदम शहरी लग रहा है!" डमरू बोला।

"अरे ये तो कुछ भी नहीं है, आ कभी घूमने, फिर दिखाता हूँ शहरी टशन!" मिंकी ज़रा इतराते हुए बोला।

"मन तो बहुत करता है आने का। बुला ले ना," डमरू मस्का लगाते हुए बोला।

"जंगलपुर के क्या हाल हैं? अभी भी जानवर हैं वहाँ, या सब शहर चले गए?" मिंकी ने बात टालते हुए पूछा।

"पहले से भी ज़्यादा जानवर हैं अब तो, जो शहर गए थे सब लौट आए। बड़े ही अजीब हैं, कहते हैं मन नहीं लगता वहाँ। मैं तो बहुत बोर हो गया हूँ यहाँ, रोज़ वही इस पेड़ से उस पेड़ कूदो, पोखर से पानी लाओ, दिन में सबको केले बाँटो, और शाम होते ही वापस घर। तेरे मज़े हैं! मुझे भी बुला ले ना अपने पास," डमरू ने फिर से कहा।

"ना बाबा ना! पिछले साल मैंने बिल्लू भाई को बुलाया था, एक जगह होटल में काम भी दिलवाया चूहे भगाने का, लेकिन वो वहाँ सारी मलाई चट करने लगे। मालिक ने उन्हें तो निकाला ही, साथ में मुझे भी खरी-खोटी सुनाई।"

"अरे मैं ऐसा कुछ नहीं करूँगा, तू तो मुझे जानता है," डमरू बोला। "तू जैसा कहेगा, मैं वही करूँगा, पक्का प्रॉमिस।"

"चल ठीक है, आजा कल सुबह बस पकड़ के, और हाँ आते हुए ख़ूब सारी इमली, बेर, गूलर और शहतूत लेते आना, मुझे अपने शहरी दोस्तों को खिलाने हैं," मिंकी ने कहा।

"बस इतनी सी बात, मैं सब ले आऊँगा।"

डमरू बहुत ख़ुश था, रात भर वो शहर के सपने देखता रहा।

अगली सुबह डमरू ने अपने झोले को फलों से भरा और शहर के लिए निकल पड़ा। वो अपना सब सामान लेकर बस की छत पर जा बैठा। उसे सफ़र में बड़ा मज़ा आ रहा था। शहर पहुँचते ही डमरू ने नीचे देखा, तो इंसानों की इतनी भीड़ देखकर डर गया।

"बाप रे, इतने लोग!" वो बुदबुदाया।

तभी उसे मिंकी दूसरी बस की छत से अपनी ओर आता दिखा।

डमरू के दोनों हाथों में फलों से भरे झोले थे। वो जैसे ही मिंकी को गले लगाने आगे बढ़ा, मिंकी ने लपककर झोले झपट लिए और लापरवाही से बोला, "चल मेरे पीछे आजा। संभलकर आना, इंसानों से दूर चलना और हाँ, लटके हुए तार मत पकड़ना, वो बिजली के तार हैं, ज़ोर का झटका लगेगा!"

डमरू हैरान, परेशान-सा उसके पीछे हो लिया।

वो दोनों एक पुल पर जा बैठे। आस-पास बिजली के तार ऐसे बिखरे थे, जैसे बरगद के पेड़ से जड़ें लटकी रहती हैं। डमरू गर्मी से बेहाल, अपने माथे से पसीना पोंछ रहा था, तभी ज़ोर से आवाज़ आई। छत पर थरथराहट हुई, और बिजली-की रफ़्तार से पुल के नीचे से सर्र से कोई चीज़ गुज़र गई।

डमरू के तो प्राण सूख गए। उसका दिल इतनी ज़ोर से धड़क रहा था, मानो बस बाहर आ जाएगा। पूरा शरीर पसीने से तर-बतर हो गया। वो थूक गटकते हुए बोला, "ये कौन राक्षस था मिंकी?"

"हाहाहा!" मिंकी हँसा। ये राक्षस नहीं था। इसे कहते हैं, मेट्रो, इसमें इंसान एक जगह से दूसरी जगह झट से पहुँच जाते हैं। तू इसे बड़ी वाली बस समझ ले।"

"अरे बाप रे! मैं तो डर गया था। चल अब अपने पार्क ले चल, अंधेरा होने को है," डमरू बोला।

“शहर का असली मज़ा तो रात में ही आता है। ये कोई जंगल थोड़े है कि सूरज के छिपते ही अँधेरा हो गया। यहाँ तो रात भर रोशनी बिखरी रहती है,” मिंकी बोला। धीरे-धीरे जगमग होता शहर, सड़कों पर भागती टिमटिमाती रोशनी वाली कारें, खभों पर लटके जुगनू से भी तेज़ चमकने वाले बल्ब, चलते-फिरते लोग। डमरू को ये सब देखना बहुत अच्छा लग रहा था, लेकिन उसे अब नींद आने लगी थी। इस समय तो जंगल में वो कब का सो चुका होता।

मिंकी जब डमरू को लेकर पार्क पहुँचा, तब काफ़ी रात हो चुकी थी। तीन तरफ़ से बड़ी इमारतों से घिरा एक छोटा-सा पार्क, जहाँ दो आम के पेड़

लगे थे और एक बड़ा-सा नीम का पेड़ था, छोटी-छोटी कंटीली झाड़ियाँ और एक क्यारी में गेंदे और सदाबहार के फूल लगे थे।

"मिंकी तू तो कह रहा था तू बहुत बड़े बगीचे में रहता है?" डमरू इधर-उधर नज़रें दौड़ाते हुए बोला।

"ये इस सोसाइटी का सबसे बड़ा पार्क है! और कुछ जगहों पर तो पार्क हैं भी नहीं। शहर में ऐसा ही होता है, यहाँ तो इंसानों के घर भी आसमान छूते हैं!" मिंकी गूलर खाते हुए बोला।

डमरू अब तक गाड़ियों के शोर से परेशान हो चुका था। वो सोने के लिए पेड़ पर चढ़ा तो आस-पास बिखरी रोशनी से उसे नींद नहीं आई। वो कभी पेड़ पर चढ़ता, कभी कूदकर नीचे लगी बेंच पर लेट जाता। आख़िरकार थककर वो नीचे बेंच पर ही सो गया।

सुबह एक ज़ोरदार चीख़ से उसकी आँख खुली। वो हड़बड़ाकर कूदा, तो बगल की बेंच पर बैठी महिला और ज़ोर से चीख़ पड़ीं।

वो डमरू से डर रही थीं और डमरू उनसे। उसने इधर-उधर देखा, वहाँ तो लोग पार्क में सैर कर रहे थे।

इतने सारे लोग! डमरू हैरान था कि तभी किसी ने उसे पीछे से एक छोटा-सा पत्थर मार दिया।

"ऐ, भागो यहाँ से, चल भाग!" वो आदमी बोला।

डमरू घबराहट में इधर-उधर भागा, तो लोग चिल्लाने लगे। ऐसे में किसी ने उसे भगाने के लिए डंडे से पीट दिया।

दर्द और बेइज़्ज़ती से डमरू के आँसू निकल पड़े। इससे पहले उसके साथ इतना बुरा सलूक कभी नहीं हुआ था।

उसे अपने जंगल की बहुत याद आई। वहाँ कभी किसी ने उसे डाँटा तक नहीं। जब उसने मिंकी को सारी बात बताई तो मिंकी उसी पर बिगड़ गया, "तुझे किसने कहा था बेंच पर सोने को? ये जंगल नहीं है कि जब चाहा मोरनी मौसी के घर से गूलर खा लिए, गिल्लू के बिल से मूँगफली ले ली... यहाँ जानवर भी काम करते हैं, तभी जाकर इज़्ज़त और खाना मिलता है," मिंकी ने कहा।

"फिर यहाँ अच्छा क्या है?" डमरू ने पूछा। मिंकी चुप रहा। डमरू को अपना जवाब मिल गया था।

उसने अपना सामान उठाया और वापस जंगल की तरफ़ लौट गया।

SLOW IMPRINT

स्लो इंप्रिंट एक हिस्सा है नीलेश मिसरा द्वारा स्थापित "द स्लो मूवमेंट" का, एक अभियान जिसकी कोशिश है कि साफ़-सुथरे कॉन्टेंट, उत्पादों और अनुभवों के माध्यम से अपने सदस्यों को ठहराव, सहजता और मन की शांति दे। नीलेश मिसरा की रेडियो और डिजिटल माध्यमों पर सुनाई गई कहानियां, गाँव कनेक्शन के ज़रिये गाँव से सरोकार बढ़ाना, स्लो बाज़ार के माध्यम से ग्रामीण उत्पादों को शहरी लोगों तक पहुँचाना, स्लो म्यूज़िक के ज़रिये लोक संगीत और लेखन-प्रमुख संगीत को आगे बढ़ाना, इस प्रयास का हिस्सा हैं।

स्लो इंप्रिंट किताबों की एक श्रृंखला है जो फ़िक्शन और नॉन-फ़िक्शन साहित्य आप तक पहुँचाएगी। इसमें काल्पनिक कहानियां, गीत-कविताएं, साक्षात्कार, यात्रा वृतांत और बाल-साहित्य शामिल होगा।

नीलेश मिसरा की दुनिया से जुड़ने के लिए
स्कैन करें नीचे दिया गया QR कोड

स्मृति सचदेवा वर्ष 2023 से नीलेश मिसरा की मंडली से सक्रिय रूप से जुड़ी हुई हैं। आप रेडियो और ऑडियो मंचों के *यादों का इडियट बॉक्स विद नीलेश मिसरा* जैसे शोज़ के लिए कहानियाँ लिखती हैं। पेशे से एक प्रमुख बहुराष्ट्रीय कंपनी में सॉफ़्टवेयर इंजीनियर के रूप में कार्यरत रहते हुए भी, साहित्य के प्रति आपका गहरा अनुराग, विशेष रूप से प्रेमकथाओं की ओर रहा है—चाहे पाठक के रूप में हो या रचनाकार के रूप में।

तरंग सिन्हा एक द्विभाषी लेखिका, अनुवादक और उपन्यासकार हैं। आपने *रामराज्य* (आशुतोष राणा), *अ केस ऑफ एक्सप्लोडिंग मैंगोज़* (मुहम्मद हनीफ), *डोंट यू क्विट* (निशांत जैन) सहित पाँच पुस्तकों का अनुवाद किया है। एक उपन्यास और दो ऐन्थोलॉजीज़ के अलावा, आपने *द हिन्दू*, *गुड हाउसकीपिंग इंडिया*, *चाइल्ड इंडिया*, *वुमेन्स एरा*, *न्यू वुमेन*, *ब्लॉगचैटर* जैसी अनेक पत्रिकाओं और वेबसाइट्स के लिए भी लेखन किया है। आपने क्रियेटिव राइटिंग में डिप्लोमा कोर्स किया है।

डॉ रंजना जायसवाल लखनऊ विश्वविद्यालय से हिंदी में स्नातकोत्तर एवं पीएच.डी. हैं। राष्ट्रीय और अंतर्राष्ट्रीय पत्र-पत्रिकाओं में आपके आलेख, कहानी, कविता, व्यंग्य, लघुकथा, बाल कहानी, जीवनी, बाल कविता और संस्मरण प्रकाशित होते रहे हैं। आपने अवधी, उर्दू, पंजाबी, गुजराती, उड़िया, अंग्रेज़ी और नेपाली भाषा में रचनाओं का अनुवाद किया है। आप नीलेश मिसरा की मंडली की सदस्य हैं और अब तक कई कहानियाँ लिख चुकी हैं जो रेडियो में प्रसारित हुईं। सीबीएसई बोर्ड के पाठ्यक्रम में आपकी लिखी बाल कहानियाँ, जीवनी और बाल कविताएं सम्मिलित हैं।

अनिता सेठी हिंदी और अंग्रेज़ी, दोनों तरह के साहित्य में रुचि रखती हैं। आप बचपन से जुड़ी कहानियाँ और कविताएं लिखना अधिक पसंद करती हैं। आप नीलेश मिसरा की मंडली की सदस्य हैं, और अब तक कई कहानियाँ लिख चुकी हैं जो रेडियो में प्रसारित हो चुकी हैं। *मैजिक बॉक्स* के पहले भाग में आपकी कहानियाँ प्रकाशित हुई हैं।

हर्षा चौधरी स्लो मास्टरक्लास से नीलेश मिसरा की मंडली से जुड़ीं। आपको कहानियाँ लिखना पसंद है, और आप रेडियो और ऑडियो प्लेटफ़ॉर्म के *यादों का इडियट बॉक्स विद नीलेश मिसरा* शो के लिए कई कहानियाँ लिख चुकी हैं। आप पंजाब विश्वविद्यालय, चंडीगढ़ से अंग्रेज़ी लिट्रेचर में स्नातकोत्तर हैं, और साइकोलॉजी विषय में स्नातकोत्तर अध्ययन कर रही हैं।

किंशुक कौशिक स्लो मास्टरक्लास के पहले बैच से मंडली के साथ जुड़े हैं। आपने इंजीनियरिंग और मैनेजमेंट की पढ़ाई की है और एक आईटी प्रोफेशनल हैं। आपको बच्चों के लिए कहानियाँ लिखना बहुत पसंद है और आप रेडियो और ऑडियो प्लेटफ़ॉर्म के *यादों का इडियट बॉक्स विद नीलेश मिसरा* और *योद्धा* जैसे शोज़ के लिए कई कहानियाँ लिख चुके हैं।

दीपक हीरा रंगनाथ ने FTII, पुणे से फ़िल्ममेकिंग सीखने के बाद कई साल मुंबई में रहकर ऐड फ़िल्म्स, शॉर्ट फ़िल्म्स और डॉक्यूमेंट्री के लिए लेखन और निर्देशन किया है। आप 2019 में नीलेश मिसरा की मंडली के सदस्य बने और गाँव कनेक्शन में कई ब्रांड फ़िल्म्स लिखीं और निर्देशित कीं। आपका एग्ज़ीक्यूटिव प्रोड्यूसर और लेखक के तौर पर *हम यूपी वाले हैं विद नीलेश मिसरा* शो दूरदर्शन पर प्रसारित हो रहा है।

स्लो इंप्रिंट की अन्य किताबें

स्लो इंप्रिंट की अन्य किताबें

स्लो इंप्रिंट की अन्य किताबें

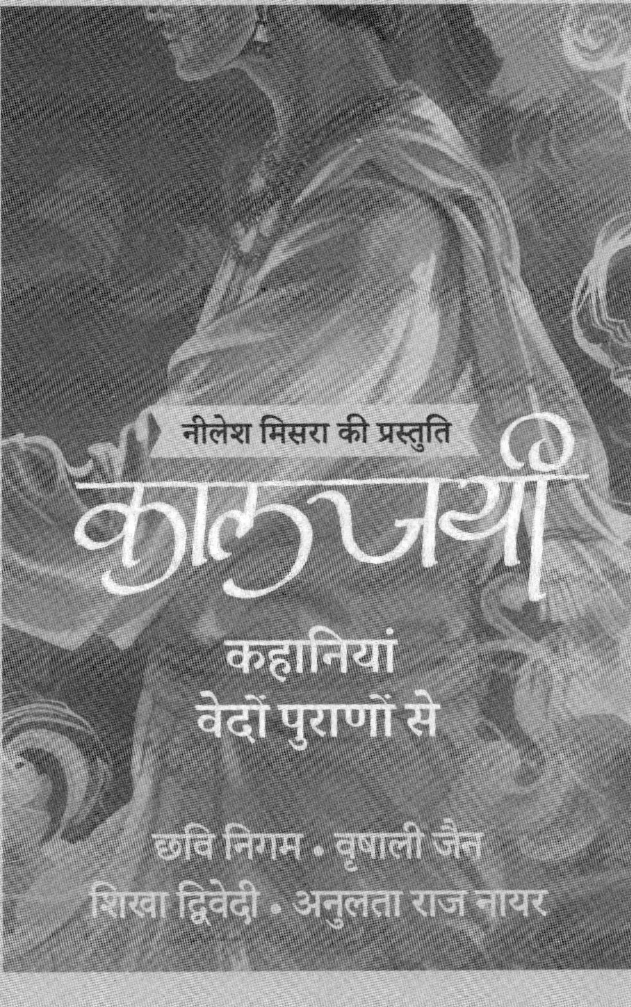

स्लो इंप्रिंट की अन्य किताबें

स्लो इंप्रिंट की अन्य किताबें